新版

おいしさの科学
味を良くする科学

味のしくみが解かれば料理の秘訣が解かる

河野友美 著

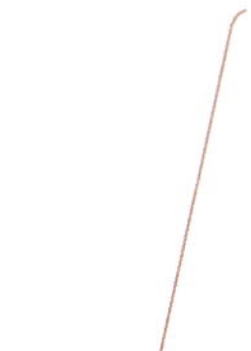

旭屋出版

おいしさの科学 味を良くする科学　目次

第2章 身近な食材の知識と生かし方……73

第3章 味を良くする調理の知識……177

装丁／若林繁裕
挿し絵／吉永聖児
ＤＴＰデザイン／宮本　郁

改訂新版校閲／大瀧　緑
同　校閲・コラム／山口米子

第1章

おいしさを作る調味料の知識と生かし方

使う〈塩の種類〉で味が変わる！

塩の違いが料理の味に大きく影響する

料理を作る上で、塩味はおいしさの基本であり、どういう塩味をつけるかは非常に大切な要素となる。では、どのような塩味がおいしいと感じられるのかというと、これは非常に難しく、複雑な要素をもっている。調理上、とくに大切なのは、塩味をどのように味覚に感じさせるかということであり、そこが調理する人の腕の見せどころとなるのである。

現在の日本の塩は、ひと昔前の塩に比べて、組成がかなり変化してきている。また、市場には国産品、輸入品ともに、製法や産地の違う多様な塩が出回っている。そのため、塩味のつけ方が難しくなってきている。

以前なら〝この料理にはこれくらいの量の塩を入れれば良い〟というような目安があったわけだが、現在、昔と同じ量の塩を使ったのでは、塩味が強くて、良い味とはいえない場合が数多く出てきている。その原因は、塩の組

●天日塩田

成の変化以外の何ものでもない。

日本の塩の組成はどう変化したのか？

日本の塩の組成に、どのような変化が起こったのか、ここで簡単にみておこう。

日本の塩[*1]は古くから海水を使って作られてきた。現在も海水を利用していることに違いはないのだが、昭和40年代を境として製塩の方法が大きく変わり、「イオン交換膜方式[*2]」という化学的な方法で作られるようになった。それにともない、塩の質にも違いが生じてきたのだ。

以前だと塩化ナトリウム純度がせいぜい95％程度だった塩が、塩化ナトリウム純度99％という、じつに高純度の塩に変わったのだ。この塩はニガリ[*3]分などの不純物がほとんどなく、ストレートに塩味が感じられる。

当時あるフランスのパンメーカーの指導をうけて、パンを焼いている日本のメーカーがあった。フランス側は、材料の配合から作り方まで、フランスとまったく同様のレシピで作ることを要求した。だが、塩だけは違う指導をしたという。フランスでの配合よりも、塩を2～3割減らしたというのである。配合や作り方に妥協を許さないフランスのメーカーが塩だけは妥協したというのだ。理由は、日本の塩の純度が高すぎて、フランスのメーカー通りの配合でパンを作ると、あまりに塩からく、とても口にできないからということだった。

＊1 日本の塩
塩は人間にとって生理的に不可欠な成分であるため、最も重要な調味料として発達してきた。海に囲まれた日本では古代には海水や塩井から直接塩を得ていたが、奈良時代頃に能率の良い塩田法へと発展する。その後も塩田法が長く行なわれていたが、昭和47年に塩田方式から化学的に採塩するイオン交換膜方式に移行。塩田方式はほとんどみられなくなる。

＊2 イオン交換膜製塩法
海水中の塩分のみを化学的に取り出す効率的な方法。塩素イオンとナトリウムイオンだけを通す特殊な膜で区切った水槽に海水を入れ、電気の力で濃縮、精製して塩（塩化ナトリウム）を作る。

＊3 ニガリ
自然の食塩に含まれる不純物で、塩化マグネシウムを主成分としたもの。ニガリ（苦汁）と呼ばれるだけあって、とても苦いが、食塩の塩からさをやわらげる。

その後、平成9年の塩の専売制の廃止による国内製塩の自由化と平成14年の輸入の自由化によって、産地や製法の異なる多様な塩が市場に登場するようになった。

塩の使い分けも必要

現在、日本国内で一般的な塩というと、塩事業センターが製造発売している「食塩」でイオン交換膜法による高純度（99％以上）の塩である。その他、一般に自然塩と呼ばれるニガリ分などを含んだ昔の塩に近いものが国産、輸入品あわせて数百種販売されている。

それらは、原料塩にニガリなどを加えて再結晶させたもので、ストレートに塩化ナトリウムを多く含んだ塩よりはまろやかな味と感じられる。その塩を料理に使えば、味にかなり違いが出てくる場合がある。

塩味は、最初のつけ方がポイント*4

以上のことからわかるのは高純度の塩を使う場合、以前からの調味の方法と比べて、使用量を手加減しないと良い料理ができにくいということである。

ただ、ここで注意しておきたいのは、味つけする材料がどのような状態かという点である。現在では、外国で塩をして冷凍し、それを輸入した材料を使うことが多いからである。とくに魚介類にはそれが多い。その場合、日本

＊4 塩の働き
塩は、塩味をつけるだけでなく、調理上様々な働きをする。

浸透圧作用…野菜、魚などに塩をふることで水分がしみ出る。

酸化防止…ビタミンCを保護し酸化による褐変を防ぐ。

酵素停止…リンゴなどの果物の色どめ。

クロロフィル保護…塩を加えた湯で青菜を茹でると色が鮮やかになる。

タンパク質溶解…タンパク質の中には薄い食塩水に溶解するものがある。その性質を利用して、魚のすり身、小麦粉の生地などに加える。

タンパク質の凝固…焼き魚やステーキの加熱前にふる塩。魚や肉の表面が早く固まる。

細胞軟化…塩を入れた湯で野菜を茹でると柔らかく仕上がる。

防腐効果…浸透圧の働きで水分を出し、細菌の繁殖を抑える。

の塩とは違う種類の塩で味つけされている可能性が高くなるわけで、調理上また別の工夫が必要になってくる。

では、生の材料を使用するとき、塩の使い方のどこが問題になるのだろうか。

まず問題になるのは、塩味が料理にどこまで残るかということである。というのは、もし、料理の最後にまで、塩の尖(とが)った味が残ったら、その料理は台なしになってしまうからだ。

料理の種類によって、この塩味の残り具合は異なるが、例えば、塩もみや塩を加えて野菜を茹でるときのことなどを考えてみると、この場合、たいてい、はじめの塩味は最後まで残るものと考えた方が良い。なぜなら、いったん生の材料に浸透した塩の味は、なかなか抜け切れないものだからである。はじめにつけた塩味の尖(とが)りは、どんなにあとで味を調整しても消すことができないということを知って調理を行なうことが大切だ。

純度の高い塩を上手に使う方法

料理によっては仕上がりに塩をふることもある。この場合には、純度の高い日本の塩の方が塩味がピリッと引き立って、料理の味を引きしめることもある。ただし、ほんの少量の塩にとどめることが必要である。もし、塩の量が多いと、塩味の尖(とが)りが強く出すぎて、料理の味をだめにしてしまうことになるからだ。

粉ふき芋やフライドポテトなどでは、塩味のわずかな尖りが、かえってじゃが芋の味を引き立ててくれるが、じつはこれは味覚の対比作用[*5]と呼ばれる現象である。

じゃが芋のようにかすかに甘味があるものに、ピリッとした尖りのある塩味を適度に取り合わせることで、相対的に甘味を強く感じ、おいしいじゃが芋だと味覚が判断してくれるわけなのだ。

また、魚の姿焼きのヒレ塩に使う場合や、焼き物の下に敷く塩などは、高純度の塩で十分だし、サラサラしているので、料理自体にあまり余分に付着しないですむ利点もある。

「塩味に尖りがあるのなら、塩の使用量を減らせばいい」と考える人もいるだろう。しかし、これはまちがいである。

塩味の尖りは、塩の量を減らしても変化はない。尖りのある塩味は消えることなくあとまで残るものなのである。かえって、塩の量を減らしたために、バランスのとれない味の料理になってしまうことが多い。つまり、塩の元の味は変えられないのである。

自然塩の使い方

一方の自然塩の場合、ニガリ分や水分が多く、一般にまるみや深みのある塩味があるとされている。問題は多くのこれらの塩には表示や規格が統一されていないために、品質や味が不明確であることだ。産地や製法、不純物な

＊5 味覚の対比作用
塩味によくみられる現象である。例えば、食塩水を口にしばらく含んでから、それを吐き出し、改めて、ただの水を口に入れると、甘味を感じる。あるいは砂糖液に塩を少量加えると、甘味がぐんと強まる。このように一方の味が十分に強いときに、弱い別の味を加えると、強い方の味が増強される現象のことを味の対比作用という。

どを確認し、自分の舌で調味効果を確かめることが重要となる。

自然塩の使用上の注意としては、水分が多く、結晶の大きいものでは高純度の塩よりもカサが高い。そのため、同じ容量を用いても高純度の塩にくらべて塩分の使用量が少なくなるので、塩味がつきにくいという点を知っておかなくてはならない。自然塩は食卓で用いる場合など、産地ブランドや結晶の形で良いイメージを演出できるメリットもある。

塩味のついている食材には注意する

味を作るとき、塩味に関係するもので、特に注意が必要なのは次の二点である。

ひとつは、前にも述べたように塩そのものの味（組成）の違い。そしてもうひとつは、食材のうち塩で処理されているものの扱い方である。

現在[*6]、食材というと生のものを使うよりも、缶詰や、冷凍などの加工した材料を使うことが多くなっている。

こうした食材の扱いになぜ注意が必要かというと、それら加工食品のほとんどが塩で処理されているからである。一見しただけでは塩が使われていないような食品でも、塩をしてあることがよくあるのだ。

さらに、食料品のおおかたを輸入に頼っているわけだから、世界中のいろいろな国から食品が入ってくる。となると、使われている塩の種類や味は、国や地域によってさまざまになるわけで、一種類の食材ごとに味作りの対処

＊6 食塩の防腐作用と塩蔵
食品の腐敗の原因となる微生物が繁殖するには50～60％以上の水分を必要とする。食品に食塩を加えると浸透圧の働きで食品中の水分活性が低下して、細菌が育成しにくい環境になり、腐りにくくする効果がある。食塩の防腐作用は古くから知られており、紀元前15～16世紀の古代ギリシアで塩蔵が行なわれていたという。日本でも千年以上まえから魚介類が塩蔵されている。塩蔵は、食品加工が発展するとともに様々な食品に行なわれるようになっていく。

法を変える必要も出てくることになる。

なぜなら食材についている塩味は、たとえほんのわずかだとしても、料理の仕上がりに大きく影響するからだ。

そこで、どういう食材に塩が含まれているのか、そしてどのように塩の味を処理すればいいのか、その方法について考えてみよう。

冷凍の魚介類は塩で処理したものが多い

冷凍技術の進歩とともに、塩のしてある食材は、かなり多くなってきている。これは、タンパク質系の食品の場合、そのまま冷凍するのではなく、塩をしてから冷凍すると、品質的に良い（生に近い）状態を保つことができるからだ。とくに魚介類には塩をしてから冷凍したものが多い。生鮭よりも薄塩の鮭の方が多く出回っているのは、冷凍保存がしやすいからである。

また、むきエビなどは、ほとんどが塩水に浸した後、塩水とともに冷凍してあるが、これは変質を防ぐためである。むきエビの場合、塩鮭と違い、ちょっと見ただけでは、塩で処理してあるかどうかわかりにくいが、そのほとんどに塩味がついていると考えてもかまわないほどだ。

その他、冷凍すり身にも必ず塩が加えてあるし、塩サバのように塩をしてあることが当たり前の食材が魚介類には多い。

これらの食材の加工に使われている塩の種類には、大変ばらつきがあることが問題なのだ。

＊7 主な魚介類の輸入先（'06年）
・エビ…ベトナム、インドネシア、インド、中国
・カツオ・マグロ類…台湾、EU、韓国、中国
・サケ・マス…チリ、ノルウェー、ロシア、米国
・カニ…ロシア、米国、カナダ、中国
（財務省貿易統計より）

魚介類は今では、世界中[*7]のあらゆる地域から輸入されている。こうした魚介類は生のように見えていても、塩をしてある冷凍魚が多いので油断はならない。

そこで必要となるのが、塩の味の違いを識別することである。この場合、結局、自分の舌で判別するしか方法はない。

使用する食材を少量口に入れて、味を確かめることが必要だ。違う食材を使うときは、そのつど味見をして塩味の違いを判断し、料理全体の味づくりを考えなければならない。この作業を怠（おこた）ると、考えていた味とまったく違う味の料理になってしまうことになってしまう。

不要な塩を除く方法

自分の味覚で食材についている塩味のチェックをしてみて、その塩味があまり感心できるものではないときには、どうすればよいのだろうか。そのまま使ったのでは、料理の味を台無しにしてしまいかねない。そこで、こういった感心できない塩味をもつ食材の場合、その塩味[*8]を抜くことが必要になる。

最も簡単なのはペーパータオルを利用することだ。ペーパータオルを食材の表面にはりつけて水分を吸収させれば、水分と一緒にかなりの塩分も吸い取ることができる。この処理をすると、塩の尖（とが）った味とともに材料の不快なにおいなども除くことができる。

＊8　塩気を取り除く方法
紙などの繊維製品の進歩は非常にめざましく、最近のペーパータオルは水分や油分をかなり強力に吸収するようになっている。この方法は、魚介類などのように表面を塩で処理してあるものにはとくに有効だ。材料の表面にペーパータオルをペタリとはりつけてしばらくおくとかなりの水分（油分）を吸い取る。それとともに塩気の方も吸収されるわけだ。

〈醤油の塩味〉が料理に与える影響

醤油の種類と塩味

醤油は塩と違って、複合的な味を持つ調味料である。加えて香りと色がある。だから塩味をつける目的で醤油を使うときには、塩だけで調味するのに比べて、調理上も様々な工夫を行なうことが必要となっている。

では、醤油の塩加減（塩味）を知るにはどうしたらよいのだろうか。

醤油は普通、濃口醤油、淡口（うすくち）醤油などと種類[*1]によって分類されることが多い。濃口醤油の塩分濃度は重量比で約15％、淡口醤油は16％程度である。このように濃口醤油、淡口醤油という分類で塩分濃度を知ることはできるが塩加減（塩味）を知ることはできない。塩分濃度と塩加減はまったく別問題だからである。同じ濃口醤油といっても、塩味はマチマチである。

さらに醤油は、ＪＡＳ[*2]（日本農林規格）により製法、品質が定められている。製法については、本醸造、新式醸造、アミノ酸液混合の３種に分類さ

●大豆［ダイズ］／マメ科
Glycine max (L.) Merrill

れ、品質に関しては、特級、上級、標準品と分類される。が、このＪＡＳによる分類でもやはり塩加減（塩味）を知ることはできない。同じ本醸造の濃口醤油であっても、塩味は一律なものではなく、商品ごとに結構違いがあるからだ。

醤油の塩加減（塩味）に、なぜこうした差が出るかというと、そこには原材料の種類や質の違いといった問題が絡んでくるからである。

なぜ、醤油の味に違いが出るのか？

醤油の基本的な原料は、大豆、小麦、塩である。それら原料にどんな種類や質のものを使うかで、仕上がりの醤油の味や香りは微妙に違ってくる。

大豆の場合、丸大豆か脱脂処理大豆のどちらかが使われる。その場合、丸大豆だけを使用したか、あるいは丸大豆と脱脂処理大豆とを併用したかによって、醤油の塩味に違いが出てくる。さらに、どちらの大豆の使用率が多いかによっても、でき上がりの塩味には大きな開きが出るのだ。

これは、小麦、塩に関しても同じことで、どんな種類の小麦や塩を使うかで醤油の塩加減（塩味）に違いが出てくる。

なぜ、こうした違いが出るかというと、醤油にはアミノ酸、乳酸といった多種類の味成分が含まれているのだが、その味成分が、原料によって左右される性質を持つからである。そして、その味成分の違いが大きく塩加減に響いてくるのだ。

＊1 醤油の種類と特徴
濃口醤油…最も一般的な醤油。香りやうま味が強く、用途が広い。
淡口醤油…素材のもち味を活かすのに最適。主に加熱調理に使う。
たまり醤油…小麦を使わず大豆を主原料にする。濃厚な味と香りをもつ。中部地方でよく使われる。
再仕込み醤油…甘露醤油ともいう。醤油の醸造を二度繰り返すような製法をとる。味は大変濃厚。
白醤油…小麦を主原料とする。醤油の中では最も色が薄い。麹の香りがありやや甘味がある。

＊2 醤油のＪＡＳ
ＪＡＳ（日本農林規格）では品名、原材料名、内容量、賞味期限、製造者などを一括表示することが定められている。そのほか生産方式（本醸造、新式醸造、アミノ酸液混合、酵素処理液混合）、等級（標準、上級、特級など）も表示が義務づけられている。これらの規格にしたがい、審査に適合した製品にはＪＡＳマークがつけられている。

醸造時の最終処理でも塩味に差が出る

醤油は、一時、新式醸造*3やアミノ酸液混合*4などの化学的生産法によるものが増えたが、現在では本来の発酵法である本醸造*5が主流になっている。

ところがここにまた新しい問題が起こる。現在では、モロミに使用する麹(こうじ)や麹菌の選別が進歩したため、従来の製法で醤油を作るとJASの規定より濃度の高いうま味成分ができるようになってしまった。その結果、うま味成分濃度を調整するために、火入れ前のモロミを絞った状態のときに食塩水を添加することが多くなってきた。このように最後の段階で塩を加えると醤油の塩味はかなり尖(とが)ったものになりやすいのである。

これに加えて、醤油の原料のひとつである塩も、味の尖(とが)ったイオン交換膜法でつくった高純度の食塩から、昔ながらの製塩法で作ったまろみのある自然塩までと幅があるため、醤油の塩味は商品ごとにますます大きな違いが生じることになってしまった。だから、醤油の塩味には違いがあるということを常に考えに入れておかなければ、味の良い料理はできないし、均一の味を作ることもできないのだ。

醤油の塩味には「味の抑制作用」が働く

醤油の味には塩味だけでなく、酸味、甘味、苦味、渋味などの味に加えてうま味が含まれている。醤油の塩味が「塩」の場合と大きく違うのは、醤油

＊3 新式醸造醤油
醸造のみによって造る「本醸造」に対し、化学的に作ったアミノ酸液に本醸造の熟成モロミなどを加えて熟成、発酵させる方法。

＊4 アミノ酸液混合醤油
本醸造や新式醸造で作った醤油に化学的に作ったアミノ酸液を混入する方法。

＊5 醤油の製法
最も一般的な濃口醤油の製法を例にとると、まず原料の大豆を蒸し、いって砕(くだ)いた小麦と種麹を加えて、麹室で麹菌を繁殖させたら、塩水と混ぜてタンクに仕込む。この混合したものをモロミといい、6～8カ月くらい置いて熟成させる。そのモロミを絞り、殺菌(火入れ)したものが濃口醤油。淡口醤油は、原料は濃口醤油と同じだが、香りと色をあまりつけないように、発酵を抑えたり、火入れを極力抑えるなどの工夫がなされている。濃口醤油と違い、仕上げのときに甘酒(または水飴)を加え、甘味をつける点が特徴。

にはこれらの複合的な良い味をもっていることである。とくに醤油の塩味に影響するのがうま味である。

醤油には重量比で15〜16％の塩分が含まれている。一方、醤油には豊富なうま味成分も含まれているために、醤油をストレートのまま味わっても、濃厚な塩味なのに丸みを感じる。この塩味とうま味の関係を「味の抑制作用」といい、一方の強い味が他方の味で抑制されるように味覚に働くのである。

調理のときには醤油を薄めて用いるが、だしを加えてうま味を補うことで、塩味を尖らさないことが大切である。とくに淡口醤油では濃口より塩分が多いので、だしのうま味をきかせて塩味を抑制する必要がある。

醤油の色で、塩味の感じ方にも差が出る

醤油を使った料理には、当然ながら醤油の色がつく。そしてその色があるから料理がおいしさを増すということにもなる。

ここで注意したいのは、料理の色と塩味の感じ方にはかなり密接な関係があるということである。

人は食べるより先にまず目で料理を楽しむ。そして目で読み取った信号を脳に伝えるわけだが、これが味に影響を及ぼしてくるのだ。

とくに塩味に対しては、色が濃くなれば濃くなるほど、味も濃いと感じる傾向がある。

味覚官能テスト[*8]といって、訓練されたメンバーグループに味を採点をさせ

＊6 醤油のうま味成分
醤油のうま味はグルタミン酸、アルギニン、ヒスチジン、リジンなどのアミノ酸やグリセリンなどが主成分。特有のうま味はこれらが複雑に混ざり合い調和した味。

＊7 醤油の保存
開栓した醤油を長く放置しておくと色が濃くなるが、これは醤油が空気に触れ酸化されるためである。色は料理の味と密接な関係があるので保存には注意が必要。塩分濃度が高い淡口醤油よりも塩分濃度が低い減塩醤油や濃口醤油は色が変わりやすい。また、気温が高くても色が変化しやすいので、開栓後は冷蔵庫などに入れて低温で保存すると良い。

て、統計処理で味の傾向判断をする実験方法がある。食品の開発や製品のチェック法として企業でよく行なっている方法だ。この実験を行なうときは特別に設計された部屋を使用する。隣同士で話ができないように仕切りを設けるとか、照明などの工夫である。とくに照明は大切な要素で、通常の白熱球とともに、赤色電球を設置することが多い。

これはスープのように、うっすらと色のついている料理の場合、食塩濃度が同じでも、色が濃ければそれだけ塩味を強く感じ、味全体も濃厚に感じるという結果が出るからである。それをなくすために、赤色電球をつけて、料理の色を判別できないようにして実験する。

だから、醤油のように食塩が自然と加わるような調味料を使用するときは、仕上がりの料理の色を常に考えておかねばならない。

例えば、うどんやそばなどの麺類の汁は、関東では色が濃く、関西では色が薄い傾向にある。そして、一般的に関西よりも関東の方が塩味が強いと思われているようだ。だが実際に食塩濃度を比べてみると、それほど大きな差はないのである。

汁の色からくる見た目の感覚で、色の濃い関東の汁の方を食塩濃度が高いと思い込んでしまっているのである。

ちなみに、吸い物が黒い椀に入れて出された場合には、汁の色がわからないが、このとき味覚は、汁の塩分濃度の差をはっきりと判別する。色がわからないときには塩味の差を直接味覚で感知して判断するのである。

＊8 味覚官能テスト
味の嗜好は主観的で、個人の差が非常に大きいものだが、多くの人に好まれる味は存在する。だからこそおいしい料理店は繁盛するわけだ。そうした味の嗜好を客観的に評価するためのテストで、人間の味覚を〝ものさし〟として使う。調べる内容は、味、香り、食感といった食品の特性から、好き嫌いなど幅広い。テストは多数の人間（最低でも20人）に食品を与え、目的に応じた採点法で評価を出させる。その結果を統計的に処理をして、何が共通した嗜好か、どんな味が好まれるかといったことを客観的に判断する。

“料理の色”は醤油と食塩の使い方がカギ！

料理に対する色の好みは、地域によって、また料理の種類により大きく異なるものである。最終的な料理の色をどう仕上げるかは、味を左右する大切なポイントである。だから、料理の味つけに醤油を使う場合は、醤油が塩味をもっているだけに、細心の注意が必要である。つまり、薄い色のついた煮物に慣れている人に、濃口醤油で調味した色の濃い煮物を出したのでは味が良いと判断されないのだ。

だから、調理の際には、濃口醤油、淡口醤油、たまり醤油、白醤油、再仕込み醤油などのうち、どれを使うのか工夫することが必要となる。その際、同じ濃口醤油でも、先にあげたように、製造法が本醸造か、新式醸造かで微妙な違いのあることなども考慮に入れることが必要になってくる。

むろん、副材料として、ダシやみりん、酒類などに何を使うかも加味して醤油を選ぶ必要がある。

料理によって醤油を使い分けるという調理上の配慮は、調理における科学的な行為である。そして、このようなことは、知識として知っておくことも必要だが、実際に自分の味覚でいろいろと経験してみることが大切だし、経験を重ねないと判断が難しいものである。

魚醤油

魚醤油は醤油の仲間で魚貝が原料の醤油。魚や貝の身と内臓類に塩を20～50％加え、塩漬けと同時に材料に含まれている微生物や酵素類を利用して発酵させ、漉（こ）し取った液体を調味料としたものである。発酵によって材料中のタンパク質はアミノ酸やペプチドに、脂肪は香り成分に分解されてうま味や特有の香りが生じる。大豆から作った醤油に比べて旨味が濃厚で、魚特有の強い香りがある。魚すきなどの鍋物や魚の煮物などによく用いられる。

魚醤油の発祥地は東南アジアのメコン川流域で、タイ、ベトナム、カンボジア、ラオスなどの地域に多様な魚醤油がみられる。これらの地域では川や水田で大量にとれる小魚を塩辛状に加工して保存し、重要なタンパク源として利用してきた。保存中にたまった汁を液体調味料として利用したのが魚醤油である。

日本には稲作とともに中国経由で醤（ひしお）が伝わり、古代から使用されていた。当時は魚が原料の魚醤と、シカなどを用いた肉醤が伝来したが、日本ではその後の仏教の伝来によって大豆から作った豆醤が中心になり、これが現在の醤油へと変化、発展した。

国内のいくつかの地方では魚醤がその後も作られ、それが現在も魚醤油として残っている。

種類

しょっつる…秋田県特産の魚醤油。原料はハタハタ、イワシ、イカナゴ、アジ、サバなどで、魚に塩を加えて重石をし、1年間置く。ときどきかき回し、液状になったらろ過し、煮沸して数ヶ月ねかせる。淡色で特有の香りが強い。しょっつるで調味した鍋物が郷土料理のしょっつる鍋で、具にきりたんぽ（ごはんをちくわ状に成形したもの）、魚貝、キノコ、豆腐、ネギなどを用いる。その他、ホタテ貝の殻で魚や野菜を調理するしょっつる貝焼きなどがある。

イカナゴ醤油…香川県讃岐地方の魚醤油。特産のイカナゴを塩漬けして3、4ヶ月置く。千葉県でも作られ、色、風味が他の魚醤油より淡白。鍋物の調味などに用いる。

イワシ醤油…島根県で作られている魚醤油。昔は他の地方でも自家製醤油として作られていた。イワシを普通の醤油に漬けて旨味を取り出したものもイワシ醤油という。

イカ醤油…北海道特産でイカを用いる。

いしり（いしる）…石川県特産で、イカやイワシを用いる。

カツオの煎じ…鹿児島、高知県特産。カツオの塩辛風の調味料。鹿児島にはサバの煎じもある。

ニョクマム…ベトナムの魚醤油。アジ、イワシ、サバなどの小魚や小エビが原料。タイの**ナンプラー**、フィリピンの**パティス**、カンボジアの**タクトレイ**、ラオスの**ナムパー**、インドネシアの**ケチャップイカン**も同じような魚醤油で、各国の重要な調味料である。エスニック料理の人気に伴い、トムヤムクンなどのタイ料理の風味づけやつけ醤油に欠かせないものとしてよく知られ、スーパーでもよく見かけるようになった。

〈味噌〉の味のしくみと持ち味の生かし方

味噌は、それだけで料理になる点が特徴

味噌[*1]は、塩味をもつ調味料の中では、かなり特異な性質をもつ調味料である。

第一の特徴は、味噌は醤油と違って、それだけでも立派に料理として通用するだけの素地をもっている点である。次に、塩味についても、醤油が原料の塩の味にかなり左右されるのとは違い、味噌はあまり影響を受けない。これは味噌のもつ強い味が塩味に勝つからであろう。

味噌自体が主体となる料理としては、〝朴葉味噌（ほおばみそ）〟のような焼き味噌が最も良い例であろう。生味噌でも食べられなくはないが、これでは調理したことにはならない。しかし、焼き味噌にすれば、焼くという操作で立派に料理となる。しかも、味噌の焼き加減は、味噌の味によるところが大きいので、この点でも味噌は独立した調味料であるといえる。

● 味噌

他に、味噌を少し加工し、味をつけたり、いろんな材料をきざんで加えたりした、なめ味噌も立派な料理である。

さらに、味噌の味が料理の味を決定的にしているものとしては、味噌汁や味噌煮があげられる。味噌汁にはダシと具が加わるとはいえ、味噌の味がおいしさを大きく支配している。だから、どんなにダシの良いものを使っても、味噌の味が良くなくては、その味噌汁は良い味だとは評価されない。

味噌煮も同様で、味噌の味が味噌煮のでき具合を支配する。例えば、サバやコイのようなクセのあるにおいをもつ魚は味噌煮にすることが多いが、それは味噌の風味が強いからこそ可能なのである。醤油の場合だと、佃煮のように、かなり煮詰めるところまでもっていかないと、魚のにおいのクセを消すことはできない。

このように、味噌は塩味をもつが、それ以上に風味[*2]が強いからこそ、独立した調味料として存在できるとみることができる。

味噌の粒子も、味の重要な要素

味噌が他の調味料と大きく異なるのは、先に述べたようにその強い味にあるが、他にも違いがある。それは味噌の粒子が味に大きな影響を与えている点である。粒子と味の関係はなかなか気がつきにくいところだが、次のような操作をしてみると粒子の味に対する影響がよくわかる。

味噌を細かいフィルターペーパーで漉（こ）してみる。ドリップしてくる液は味

＊1 味噌の歴史
醤油と起源を同じくする醸造調味料。奈良時代までに中国、あるいは中国から朝鮮半島を経て日本へ伝来したとされる。味噌の名は高句麗の「密祖」に由来するという。室町時代には一般に普及し、味噌汁もこの頃誕生する。江戸時代には500以上の味噌蔵があり、各地方の食習慣や風土と結びついた様々なタイプの味噌が製造された。現在は工業化及び流通システムがすすみ、味噌の地方差がせばまりつつある。

＊2 味噌の風味の良さ
調味料としての味噌の魅力のひとつに香りがある。味噌の香りは醸造の際に生まれるもので、料理に少量用いるだけで強い香りがつく。味噌の香りは加熱すると逃げやすいので風味を生かしたいときは料理の仕上げ近くに加えると良い。

噌汁とは違い、透明に近い薄い褐色である。ちょうど淡口醤油のような感じである。この液を飲んでみるとわかるが、まるでスープのような味である。香りは味噌そのものだが、味はどちらかというと醤油に近い感じだ。

もともと、醤油がない時代には、これと似たような方法で調味液を作っていたようだ。作り方はまず、味噌を湯で溶いてから、少し煮出す。それを布で漉すのだが、その液を〝すまし汁〟と呼んで、料理の味つけ用に醤油のように使っていた。このすまし汁は、近年まで、東北の限られた地方ではあるが、特別の行事料理を作るときに用いていたようである。

こうしてみると、味噌は、粒子[*3]がかなり味の主役として働いているのがわかる。つまり、味噌にとっては粒子が大切なもので、調理上も重視しなければならないものである。粒味噌を使うときは、普通すり鉢でよくするが、そのすり加減が味噌の味に大きく影響していることは当然考えられる。

現在では、すった状態の漉し味噌が多く市販されているが、粒を残してあるものもある。味噌は、自分で手加減して、すり鉢ですることで、自己の味を出すことができる調味料である。料理の差別化を考えるなら、漉し味噌を使うのではなく、やはり粒のあるものを使うと良いだろう。

味噌・醤油に共通するうま味はグルタミン酸

味噌汁を漉したすまし汁が、醤油に近い味をもっているのは、味噌と醤油の間に共通した味が存在するからである。ただし、これは現在、日本で使わ

＊3 味噌の粒子
粒子は、味噌の味に対し大きな影響力をもっているが、これはテクスチャー（食感）によるものである。味噌汁を例にとると、味の善し悪しに関して、粒子のテクスチャーが60％以上もの影響を与えている。味噌汁中の味噌の粒子は、大きすぎるとざらざらして味が良くない。また、細かすぎても、ねとねととして好ましいものではない。粒子の大きさが適正なときには、味噌汁を器に注ぎ入れてしばらくすると底の方にきれいな球状の粒子が集まってくる。味噌汁を煮立たせると味が落ちるのは、味噌の粒子が互いに結合して大きくなり、口当たりが悪くなるからである。味噌の粒子は結合するときに、味噌汁中のうま味成分を吸着するので、その点でも味が落ちることになる。

れている味噌と醤油を前提にしての話である。

中国で作られ始めた本来の味噌は、原料の大豆に食塩を加えて発酵熟成させたもので、現在の日本の味噌[*4]とは違っている。また、醤油も、中国では魚醤や大豆醤といったものが主流で、日本のものとは異なっていた。魚醤というのは魚と食塩を材料に発酵させた調味料だが、日本で発達した醤油は、植物性の材料だけからできている。

日本の味噌や醤油には、中国のものと違って大豆以外に麦や米が加わるから日本で発展した独特の調味料だといえよう。

こうしてみると、味噌と醤油には、材料の点で共通点があることに気づくはずである。

味噌も醤油も、うま味成分として、最も強く表に出ているのはグルタミン酸である。材料のタンパク質を分解するとアミノ酸ができるが、うま味の中で主流となるのはグルタミン酸である。

このことを知っていると、味噌と醤油とを用途によってうまく使いこなすこともできるようになる。

例えば、醤油に少量の味噌を加えるとか、反対に、味噌に少量の醤油を加えて味に変化をもたせるなどである。

また、先に紹介したように、昔のすまし汁の手法で味噌の液を作って、これを醤油と混ぜ合わせて使ったりすることも、新味を出す上で良いかもしれない。

＊4 味噌の種類
味噌を分類するには次のような方法がある。
①麹で分類する方法…麹は米、麦、大豆に大別される。
②味で分類する方法…辛口、甘口のほか中辛口、中甘口に分かれる。
③色で分類する方法…赤味噌と白味噌がある。
④粒の有無…粒味噌、こし味噌がある。
⑤産地で分類する方法…各地方ごとに独自に生産される味噌。

味噌の塩味は、塩の違いに影響されない

味噌のもつ塩味は、醤油の塩味とは違い、原料の塩による差が出にくい。醤油や食塩の場合は、どのような塩が使われるかで、味に大きな違いが出るが、味噌は食塩による味の差がほとんどない。その理由は初めにも書いたように、味噌は独特の強烈な風味に加えて、粒子が味の上で大きな役割をもっているからである。

その上、醤油はある程度種類が限定されているが、味噌*5は無数といってよいくらいの種類がある。

味噌にまつわる言葉でよく知られるものに〝手前味噌〟がある。昔は各家庭の主婦が味噌造りを行なうのが習わしであったが、主婦たちが集まって井戸端会議をするときに、手前（自分）の味噌の味は最高だと自慢することが常だったようだ。そこから、自画自賛することを手前味噌というようになったというのである。ただし、味噌を切らしてしまったりすると、良い主婦とはみられなかったということだ。

手前味噌という言葉がある背景には、味噌はたとえ同じ地域で同じ材料から造られても、風味の異なるものができたということである。おそらく、材料の配合の仕方、発酵や熟成のときの温度条件、さらにはいつ仕込むかということなども、味噌の味に差異を生じる原因となったのであろう。

＊5 産地別の味噌の種類
日本には各地方の風土にあった特徴ある味噌が数多く存在する。

仙台味噌…東北の代表的な米味噌。赤褐色。食塩含量が多い。

江戸味噌…甘めの米味噌。主産地は東京とその近郊。熟成時間が短く貯蔵性が低い。

越後味噌…別名、越後麹味噌。赤い味噌に粒状の白い米麹がみえるのが特徴。

信州味噌…信州で製造される味噌の総称。黄色っぽい米味噌。あっさりした辛口。

八丁味噌…愛知県岡崎市の特産。うま味が強い暗褐色のかたい味噌。

京風白味噌…白味噌ともいわれる。麹を多く用いるため甘味が強く、香りが良い。主に京都で生産。

味噌を使うことで料理に特徴が出る

以上のことからわかるように、料理の材料として味噌[*6]を使うことは、自己の味の主張をする良い機会である。

例えば、スパゲティのソースに、味噌を少量加えるとか、先に紹介したすまし汁を、ソースの素材であるスープストックなどの一部に利用することもできる。

また、食塩の味の物足りなさを、味噌の強い個性でカバーすることも可能である。

味噌には、トマトのソースなどともよく合う性質がある。これは、トマト[*7]には味噌と同類のアミノ酸、すなわちグルタミン酸がかなり含まれているからである。

グルタミン酸はチーズにも多く含まれる。こういった同類の味をもっているもの同士を組み合わせてうまく利用すると独特の風味をもつオリジナルのソースを作ることができる。

味噌は非常に種類が多い上、日本で一般に使われている高純度の塩の物足りない味を補う効果が高いため、自己の料理の特徴を出せる武器としての利用価値は、まだまだ大きいと思われる。

和風の料理にこだわらず、味噌と相性の良い食材や調理法を探ってみると面白い料理をいろいろと生み出すことができるのではないだろうか。

*6 味噌の働き
風味をつけ、生臭みを消すなど色々な働きをする。
・消臭の効果…鳥獣肉や魚肉の味噌づけなど、原料の大豆の主成分（タンパク質）がにおい（生臭みなど）を吸着する。
・保存効果…生鮮食品を味噌づけなどにすると、味噌中の塩分が水分を吸収し細菌の増殖を抑える。
・油の吸着効果…油を吸着する働きがある。油を使う料理に用いると油分が料理の表面に浮かない。

*7 トマトのグルタミン酸
トマトは100gに、260㎎のグルタミン酸が含まれている。詳しくは74ページ参照のこと。

〈砂糖〉の味に差がなくなってきた！

砂糖の使い方の変化

砂糖[*1]を料理に使うことが以前に比べてかなり多くなってきているが、これは食材の風味の低下を甘味でカバーせざるを得ないケースが増えてきているからである。甘味をつければ、肉、野菜などのクセのあるにおいや、少々の生臭みは消すことができる。また、冷凍野菜や乾燥品を戻すときも、砂糖をわずかに加えることで、うま味が戻ってくることが多い。これは、甘味には、素材のもつ独特の風味を消す力があるからである。といっても、その食材自体の風味がなくなってしまうのではない。甘味の作用によって、人間の味覚がデリケートな味を感じなくなるのである。

だから、素材の風味が好ましくないときに甘味をつけるとプラスに働く

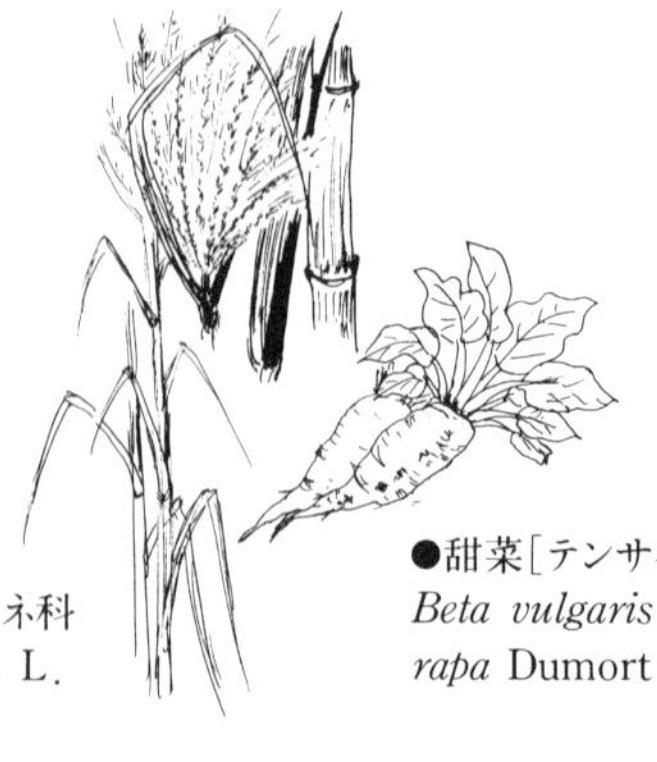

●砂糖黍［サトウキビ］／イネ科
Saccharum officinarum L.

●甜菜［テンサイ］／アカザ科
Beta vulgaris L. var. *rapa* Dumort

が、逆に素材の風味が良く、それが大変デリケートであるときには、砂糖などの甘味を使わない方が良いこととなる。

質の良い食材が、わりと楽に入手できた時代には、調理の際に砂糖を使うことが少なかったが、それも当然の話といえよう。

しかも、そのような時代には、砂糖は種類によって風味に特徴があった。だから、料理の用途により、砂糖を使い分けすることができたし、それが調理上の大切なテクニックでもあったのだ。

以前の砂糖は、例えば、上白糖とグラニュー糖では甘味の差がはっきりしていたし、ザラメでも白や赤で、確実に風味に違いがあった。黒砂糖も風味が良かったし、氷砂糖も本当に結晶させて作ったものがほとんどだった。ところが、現在の砂糖は黒砂糖を除いて風味の違いがなくなってしまっている。とくに甘味と香りに差がなくなっている。

とはいっても、甘味そのものがもっている味の働きには変わりがないので、料理のでき上がりに、はっきりと甘味が感じられる程度に砂糖を使うことはひとつのテクニックである。

なぜ、砂糖に差がなくなったのか?

どうして砂糖の種類によって風味の差がなくなってしまったのかというと、それは砂糖の精製法が変化したからである。

以前の砂糖は、精製法もいろいろあったし、また同じ精製法であっても何

＊1 砂糖の働き
砂糖は甘味をつけるだけでなく、食品を加工するための役割も多い。

保水効果…食品中の水分をとりこむため、時間がたっても食品がかたくなりにくい。

食品保存効果…保水効果により微生物の繁殖を抑える。

酸化防止作用…油脂を含む食品に加えると酸化が抑えられる。

デンプンの老化防止…デンプン中の水分を吸収し、デンプンの老化を抑える。

乳化促進…水と油を使った食品に加えるとなめらかに仕上がる。

カラメルの生成…180度に加熱すると、香ばしいカラメルができる。

ツヤ出し…砂糖を含む食品を加熱すると、ツヤが出る。

ゼリー化促進…果物のペクチンは水に溶けて網目構造を作ることでゼリー化する。砂糖は水分をかかえ込んで、網目構造を固定することでゼリー化を促進する。

回目の結晶なのかによって風味に差が生じていた。

つまり、砂糖の種類ごとに純度や成分がかなり異なっていたのである。

ところが現在の精製法は、純粋に糖分を取り出す方法だけになっている。簡単に表現するなら、白くて純度の高い砂糖が一種類しか作れなくなっているのである。現在でも市販されている砂糖の形状は氷砂糖、上白糖といろいろあるが、じつはすべてグラニュー糖と同じものが作られていると考えてさしつかえない。

砂糖の作り方はどう変わったか？

一般に砂糖[＊2]といわれるものには、ふたつ[＊3]の原料がある。

ひとつはサトウキビ[＊4]で、それから作られるものを甘藷糖という。

もうひとつは、ビート[＊5]（砂糖大根）から作られるビートシュガーである。

ただし、ビートからは白砂糖しか作れないから、黒砂糖の原料となるのはサトウキビのみである。

ここでは、サトウキビを原料にした砂糖の作り方をみてみよう。

昔の砂糖は、サトウキビをローラーの間に通し、搾った汁を煮つめて作っていた。現在の製糖工場では、以前とはまったく異なる作り方をしている。

刈り取ったサトウキビはまず細片、つまりチップにされる。これをローラーで搾り、汁を取る。ここまでは昔の工程とほぼ同じである。この後、搾ったチップを、さらに砕いてバラバラの状態にし、それをシャワーで洗って、

＊2 製糖の歴史
砂糖の原料として生産量が多いのはサトウキビ（甘藷）とビート（砂糖大根）。サトウキビはニューギニア周辺で栽培されていたものがインドを経て西方や中国へと世界的に拡がった。日本には奈良時代に中国より伝来するが、1610年に奄美大島で初めて製糖されたとされる。ビートシュガーは甘藷より歴史が新しく、18世紀のドイツでビートから砂糖の採取に成功。ナポレオンの大陸封鎖（1806年）で砂糖不足に陥ったヨーロッパで積極的にビートから砂糖が生産されるようになる。

糖分を徹底的に溶かし出してしまう。次に、水分を切るために遠心分離機で処理する。当然、出てくるカスはワラのクズのようなパサパサした繊維状のものだけになる。このような操作をみればわかることだが、以前の搾(しぼ)り汁(糖液)に比べ、現在の糖液には、サトウキビのいろいろな成分が入っている。つまり、過去の方法では出てこなかったサトウキビの苦味や渋味の成分までが入ってくる。そこで次に、これを濃縮して粗糖と呼ばれる砂糖の結晶をとるのだが、その際に遠心分離機にかけて完全に糖蜜を分けてしまう。

粗糖(原料糖)はその後、精糖工場に移して、全部を質の一定した白砂糖にしてしまう。

こうしてでき上がった砂糖に含まれる成分はほとんど純粋で、結晶の大きさが違っても、味にはあまり変化がない。

種類ごとの砂糖の違い

現在でも砂糖の種類はいろいろとある。例えば、ザラメのように色がついている砂糖があるが、これらはカラメルなどで色をつけ、赤砂糖のようにしてしまう。

だから、色つきのものを料理に使うと、かえってカラメルなどの風味が入ってきたりしかねないから、あまり使わない方がよいかもしれない。

なお氷砂糖は、最近はドロップ状の形態のものが多くなっているが、これは製法の違いによるもので、クリスタル氷糖と呼ばれている。従来からの不

＊3 砂糖の種類
砂糖は原料により次の種類がある。
・甘蔗糖…亜熱帯地域に生育するサトウキビの茎を搾って作る。
・ビートシュガー…砂糖大根とも呼ばれるビートの根部分から採取。
・メープルシュガー…サトウカエデの樹液からとったもの。北アメリカやカナダが産地。
・パームシュガー…サトウヤシの樹液から採取したもの。主産地はインドや東南アジア地域。

＊4 サトウキビ
イネ科。別名、甘蔗ともいう。亜熱帯、熱帯地域に生育する。収穫時には高さ2〜3メートルに達する。日本では薩南諸島、沖縄などで栽培される。砂糖になるショ糖は茎部に多く含まれる。

定形の氷砂糖もクリスタル氷糖も原料はグラニュー糖であるが、前者が結晶化に二週間かかるのに対し、後者は六～九日で結晶化する。用途はどちらも同じで、おもに果実酒に用いられる。

砂糖の精製法の変化が黒砂糖の風味を変えた

黒砂糖は、他の砂糖に比べると、現在でも独特の風味をもっているといえよう。

しかし、以前のものと比べると、かなり風味が落ちているようだ。味の点でも、苦味や渋味が強くなり、クセもかなり強く感じられる。これも、砂糖の作り方が変わった結果である。

昔の黒砂糖は、サトウキビの搾（しぼ）り汁を煮詰めて作っていたが、現在では、でき上がった白砂糖に分離した糖蜜を混合して固めているのである。先に述べたように、現在の精製法では、サトウキビの成分をとことん搾（しぼ）り出した糖液を原料とするので、糖蜜にはどうしても苦味や渋味の成分が入ってしまう。こうしてでき上がった黒砂糖には、以前にはなかったマイナスの味の成分が含まれている。このような黒砂糖を料理に加えて風味が良くなることは考えられない。

また、以前の黒砂糖は釜で煮詰めて作っていたから、いくらか焦げて、こうばしい香りもついていたはずである。現在では、低温で減圧濃縮しているから、こうばしい香りがつくこともない。

＊5 ビート
アカザ科の植物。ダイコンに似ているが植物学上はホウレン草の仲間。別名、砂糖大根、または甜菜。ヨーロッパ北部、アメリカ北部が主な産地である。野菜として栽培されていたが、18世紀に砂糖が採取できることが発見される。日本では北海道が主産地。赤色と白色のものがある。砂糖採取には白いビートを用いる。ビートシュガーはビートの根の部分を薄く切り、湯につけて糖分を浸出した液を濃縮して作る。

だから、現在の黒砂糖には、昔のような風味を期待することができなくなってきている。

しかし、以前の作り方をそのまま踏襲して作られているものも、わずかではあるが存在する。沖縄の八重山群島の波照間島だとか、鹿児島県の奄美群島の喜界島で作られている。このような、以前の手法で作られた黒砂糖は、明るく、薄いチョコレート色で、料理に加えると、すばらしくおいしい味を出せるケースが多い。

砂糖の使い方の注意点

以上、見てきたように、砂糖を使い分けすることで、料理の風味に違いを出そうとしても、それが難しくなっているのが現状だ。

砂糖の形態にこってみても、それほどの効果は期待できないし、色つきの砂糖を使えば、人工的なカラメルの香りなどがついて、かえってマイナスの面もある。

砂糖[*6]を料理に使う場合、心を配る必要があるのは、どういうときに使うのか、そしてどれくらいの量を使えばよいのかという点だけといえよう。

これに対して、先に述べた黒砂糖のように、生産量は限られているが、昔ながらの製法のものを使えば、ほんのわずか加えただけでも、料理の味に大きな変化をつけ、深みのある味をつけることができるものもある。できれば試してみられてはいかがだろうか。

*6　砂糖の使い方の例
最近では、西洋料理に、和食でよく使う魚を利用することが多くなってきているが、場合によっては、少し生臭みのある魚を使うことがある。こういったときには次のような方法をとるとよい。まず、魚に塩をして余分な水分を取ってから、少し砂糖を加えたサラダ油をふりかける。それがしみこんだ頃、余分の油分や水分を布巾、あるいは紙で取る。こうすると魚のクセをほとんど感じなくなり、料理の味も良くなる。砂糖の甘味を利用して、うまく魚のクセを除いてしまうのである。

〈酢〉の種類別の特徴と上手な使い分け方

酢の種類と特徴

酢[*1]は、食塩ほど頻度は高くないが、しばしば使用される調味料のひとつである。酢には種類が多く、中に含まれている酸もサク酸を主に、クエン酸、リンゴ酸などがある。含まれる酸類[*2]は酢の種類によって異なるし、酸が異なると当然だが風味も違ってくる。さらに、酸以外の物質、例えば、アミノ酸とか、リン酸などの含有量によっても酸味の感じ方に差異が出てくる。

酢[*3]として使われるものには「醸造酢」「合成酢」「果汁」の3種類がある。果汁についてはレモン汁がその代表であるが、これは別の項目（58ページ）で取り上げたので、参照していただきたい。

また、現在、合成酢はほとんど市販されていないので、ここでは醸造酢に

●鳩麦［ハトムギ］／イネ科
Coix lachryma-jobi L. var. *ma-yuen* Stapf

●稲［イネ］／イネ科
Oryza sativa L.

限って考えてみよう。

醸造酢の種類と特徴

「醸造酢」というのは、完全に醸造のみによって作った酢のことで、化学的に合成した氷（ひょう）サク酸などをまったく添加していないものを指す。つまり、サク酸菌を使って発酵させ、エチルアルコール（以下アルコール）をサク酸に変えたものが醸造酢である。

醸造酢は、さらに「穀物酢」と「果実酢」とに分類できる。

穀物酢の材料となるのは、米、麦芽、玄米、ハト麦、コーンスターチ、そして、それ以外の穀物類のデンプンを酵素や麹（こうじ）で糖化させたのち酵母でアルコールに変えたものや、原料用のアルコールなどである。

果実酢は、糖類を含む果実の果汁、例えば、ブドウやリンゴなどを酵母によりアルコール発酵させ、酢の材料として使う。

市販の酢には[＊4]「米酢」「粕酢」「穀物酢」といった表示がなされているが、これらは、酢1リットル中に、表示されている穀物が40グラム以上含まれている必要がある。なお、「純米酢（じゅんこめす）」と表示されているものは、アルコールや糖類を添加して醸造したものではないという意味だ。

また、ブドウ酢（ワインビネガー）やリンゴ酢のように果物の名前がついている酢は、その果物の果汁が酢1リットルに対し、３００グラム以上使われている必要がある。

＊1　酢の歴史
日本には5世紀頃に中国から製法が伝わる。大阪の和泉で作られたものが最古といわれる。その後、酒酢、果実酢など数多くの種類の酢が誕生。江戸時代には食酢醸造業が確立、大量生産が始まる。大正時代以降、高まる需要と原料不足解消のため化学的な方法で合成酢や酒精酢が作られるようになる。

＊2　酢に含まれる酸類
酢の酸味はサク酸、クエン酸、リンゴ酸、酒石酸など、含まれる酸によって違う。
サク酸…酸として中心的なもの。刺激的な酸味をもち、加熱すると酸味は薄らぐ。米酢、粕酢、麦芽酢、合成酢などの主成分。
クエン酸…柑橘系の果実に含まれ、酸味は強いが爽やかな風味をもつ。天然ものはレモン汁やダイダイの汁や梅酢に多く含まれている。
リンゴ酸…リンゴ酢の主成分。リンゴやブドウの果実中に含まれ、爽やかな香りをもつ。
酒石酸…ブドウ果汁に多く含まれる。ワイン発酵時に生じる酒石（沈殿物）の主成分。少し渋みがあるのが特徴。

単に「醸造酢」とだけ表示してあるものは、基準量の材料が使われていないもので、サク酸のツンとした刺激がかなり強く感じられ、コクのある成分が少ない。

ピクルスのように、クセの少ない酢を使う方が良い料理には、同じ醸造酢でも、穀物や果汁の量が少ないか、ほとんど純粋のアルコールと水から醸造した酢の方が良い場合もある。しかし、一般の料理に使う酢は、やはり風味やコクのあるものの方が適しているといえるだろう。

酢は種類によって風味に違いがある

酢の風味は前にも述べたように、材料[*5]の違いによってかなり差がある。穀物の酢には、麹のにおいがいくらか感じられるし、果物の酢は、それぞれの果物特有の香りをもっている。

このような酢の風味は、料理の種類によって、かなり向き、不向きが分かれてくる。例えば、純米酢はコクはあるが、においが強いという特徴がある。特に麹のむれたような独特の風味があるため、さっぱりしたサラダには向かないし、白身魚のマリネにも向かない。しかし、すしダネとして青背のクセのある魚を使う場合には、純米酢のようなにおいとコクは魚を良い味に仕上げる。また、サバのような魚を塩でしめた後、こういった酢でしめると、酢の浸透もよく、塩味とのなじみが良いことが多い。

サラダのドレッシングや、マリネをするときに使用する漬け込み液（マリ

＊3 酢の種類と特徴
酢は製造過程から大きく分けると、穀物や果実にサク酸菌を加えて発酵せる「醸造酢」と化学的に合成したサク酸を加えて作る「合成酢」がある。また、原料別に分けると以下のようになる。

穀物酢…穀物をサク酸菌で発酵させた酢。米酢、大麦が原料の麦芽酢、ハトムギ酢などがある。

果実酢…果実を原料とした酢。ポン酢、レモン酢、梅酢のように果汁を直接使うものと、果汁を醸造するリンゴ酢やワインビネガーなどがある。

合成酢…別名、サク酸酢。化学合成によってつくられた氷サク酸（サク酸99%の薬品）に調味料や糖類を加えて作る。醸造酢に比べ風味や味は劣る。

ナード液）の場合、酢の風味が料理の仕上がりにかなり大きな影響を与える。こうした料理にはワインビネガーの方が適しているし、料理によっては、白のワインビネガーではなく、赤のワインビネガーの方が風味が強くて良いこともある。

その他、甘酢のもので、さっぱりとした味に仕上げたいレンコンの酢の物などは、アルコールを添加して醸造した酢の方が適している。というのは、酢にクセのあるものだと、さっぱりした味の酢の物には仕上げにくいからだ。

酢の含有物が味を左右する

酢の味として感じられるのは、単純にサク酸の味だけではない。先に述べたように風味も味に影響を与えているからだ。しかし、酸味に限っては、酢に含まれている含有物によって大きく左右される。

例えば、穀物類の酢に多く含まれているアミノ酸は、酸味を和（やわ）らげるのに大きな働きがある。だから、アミノ酸の多い純米酢は、丸みのある味で、サク酸のツンとくる刺激は少ない。

穀物酢ではリン酸塩類も酸味を和らげるのに大きな働きをする。このリン酸塩類もアルコールの添加してない酢に多く含まれる。つまり材料に穀物を多く使うほど丸みのある味になるわけだ。

果実酢の場合、果物にもともと含まれている酸、つまり、リンゴ酸やクエ

＊4 酢のJAS規格
酢はJAS（日本農林規格）で規格化されている。JASで定める品名の表示は、穀物酢では、単独の穀物を規定量原料とした場合に「米酢」「玄米酢」のように明記できる。複数の穀物を使用した場合は「穀物酢」となる。アルコールや糖類を添加せず一種類の材料を規定量用いて醸造したものは「純米酢」「純玄米酢」など〝純〟の文字をつけることができる。

＊5 世界の酢
酢は苦酒（からさけ）とも呼ばれ、酒が腐敗したものが起源であるといわれる。世界には特産の酒とともに特色ある酢がある。日本には米を原料とする米酢や粕酢、ヨーロッパにはワインビネガー（ぶどう酢）、東南アジアではココナッツ酒からココナッツビネガー、フィリピンではパイナップル酒からパイナップルビネガーなどがある。気候や風土と結びついた個性的な酢が各地にあり、各地方の料理に特徴を与えている。

ン酸、酒石酸などが含まれている。これらとサク酸とが合わさった酸味を持つわけだから、穀物類の酢とはかなり異なった酸味となる。しかも、アミノ酸やリン酸塩類は少ないから、サク酸の刺激はかなり強く感じる。

酢の〝酸〟は加熱によってどう変化するか

酢に含まれる酸は、加熱することで変化するものと変化しないものとがある。加熱したときに非常に蒸発しやすい酸がサク酸で、蒸発しにくい酸がクエン酸、リンゴ酸などである。

例えば、料理の材料を酢に浸(ひた)してあっても、煮るなどの加熱をすれば、ほとんど酸味を感じなくなってしまうことがある。〝蒸しずし〟が酸味よりも甘味を強く感じるのは、サク酸がかなり蒸発してしまった結果である。

乳酸も蒸発しにくい酸のひとつであるが、この酸は乳酸発酵をさせたものでないと普通は含まれていない。

乳酸発酵をさせたものというのは、乳製品では〝ヨーグルト〟や〝サワークリーム〟があり、植物性のものでは漬け物類がある。京都の〝スグキ漬け〟などは、室(むろ)に入れて、仕上げの時に強い乳酸発酵をさせるから相当の乳酸を含んでいる。中国の漬け物ではカラシ菜の根のコブの部分を漬けた〝ザーツァイ〟が、かなりの乳酸を含んでいる。

こういった漬け物類を調理に使うと、酢を使わなくても酸味が加わる。しかも、蒸発しにくい酸であるから、炒め物や煮物に使っても、酸味は料理に

＊6 酢の働き
酢は酸味をつける他、隠し味として味を調えたり、食欲を増進させるなど多彩な役割を果たす。

発色作用…ガリ（甘酢漬けのショウガ）など、アントシアン系の色素に酢が作用し鮮赤色になる。

褐変防止…酢を加えた湯でレンコンやゴボウを茹でると白く仕上がる。

酸化防止…酢を加えることで、ビタミンCの酸化を抑える。

タンパク質凝固作用…湯に酢を入れて落し卵を作るときれいに固まる。

殺菌作用…酢漬け、酢洗いなど。酢によって細菌類がタンパク変性を起こし死滅する。

残るので上手に活用したい。これは、ヨーグルトやサワークリームを料理に加えた場合も同様である。

酢を合わせて使うと、別種の酸味が生まれる

各種の酢について取り上げたが、ぜひとも試して欲しいのは、これらの酢を合わせて使用することである。というのは、異なる酸味が合わさると、別の酸味が生まれてくるからだ。その結果、新しい味が発見できるかもしれない。例えば、料理ではないが、飲み物などを工場生産する場合、ビタミンC（アスコルビン酸）を添加することがある。アスコルビン酸という名でわかるように、ビタミンCも一種の酸だが、これをクエン酸などと合わせると爽快な酸味が生まれる。

各種の酢だけでなく、レモンなどの酸味をもった果汁を加えるのもよく、また異なった味の酸味が生まれる。特徴のある味を作り出してゆくためにはこうした工夫も必要であろう。

また、料理の味に少し深みが足りないと感じたとき、隠し味として少量の酢[*6]を加えると、驚くほど料理の味がしまって感じられることがある。これは、料理のおいしさは、料理のpH[*7]（ペーハー）と関係があるからである。人間の味覚は少し酸性の方がおいしく感じるので、酢を少量加えてpHを下げることで味を良くすることができるのである。

＊7 料理のpH（ペーハー）
一般に人間の味覚には酸性のものをおいしく感じ、アルカリ性のものをまずく感じる傾向がある。pHは7より小さければ酸性、7より大きければアルカリ性だが、普通、おいしいと感じるのはpHが4～6の間である。pHがアルカリ側になると味がぼけ、まずくて食べられない。逆にpHが4以下になると酸味を感じるようになる。酢や醤油などの酸性調味料を料理の隠し味に使うことは料理のpHを下げ、料理をおいしく感じさせるのに役立っているわけだ。

バルサミコ酢の特徴と使い方

バルサミコ酢はイタリアのエミリア・ボローニャ地方特産の伝統的な酢で、白ブドウの果汁を原料にした果実酢である。白ブドウを用いた酢には白ワイン酢があるが、バルサミコ酢が果汁を直接酢酸発酵させてから必ず熟成させるのに対して、白ワイン酢はワインにしたものを原料にすることと、熟成しないという違いがある。バルサミコ酢の熟成期間は通常4～6年、長いものでは10年以上、中には100年ものといった特別なものもある。バルサミコ酢は一般の酢に比べて高価で、熟成期間の長いものほど高級品である。

バルサミコ酢の風味の特徴は芳醇な香りとコク、まろやかな酸味と甘味があり、カラメルのような茶褐色をしている。これらの風味は熟成によって作られるもので、熟成期間の長いものほど酸味がまるく、香りが豊かになる。熟成を効果的にするために、クリ、クワ、カシ、ネズ、サクラというようにつぎつぎと樽の材質を変えるのも製法の特徴である。イタリアではこういった伝統的な製法を保存し、バルサミコ酢の名称や品質を守るために原料や製法、表示が規格化されている。ランクによってはカラメルによる着色や甘味づけが認められている。

バルサミコ酢の用い方の一つは、隠し味として料理に少量加え、特有の風味とコクをつけることである。一方、肉や魚料理のソースやデザートには、バルサミコ酢の風味を表に出し、メニューにも"バルサミコ風味"を強調する用い方をする。この場合、熟成度の選択や使用量を工夫することが重要である。短期熟成のバルサミコ酢を加熱濃縮して甘味やうま味、コクを出したり、ダシや生クリームを用いて独自のバルサミコ風味を作り出すこともある。

黒酢の特徴と使い方

黒酢は米酢の一種で、麹と米と水を壺に入れて密封し、屋外で1〜3年間発酵と熟成をさせるという中国風の作り方をする。主産地は鹿児島県の福山地方で、発酵期間が長いために色が黒くなるところから黒酢、仕込む容器から壺酢ともいう。1980年代に健康食品として知られるようになり、調味料以外に飲料など加工食品での利用も多い。

黒酢の特徴は色が黒いだけでなく、旨味や甘味が強く、濃厚な風味があること、酸味はまろやかなことである。この点はバルサミコ酢によく似ている。調味料としての黒酢の利用法は、調理時に酸味料として用いるよりも、肉料理のソースや食卓でのかけ酢やつけ酢にする方が黒酢特有の濃厚な風味や色が生かされる。酸味がまるく、旨味や甘味があるのでストレートで用いることもできる。

風味の補足として調味に用いると、料理にコクや風味をつけることができる。黒酢は用いる量によって料理の色が黒ずむので、好みに適した色合いに仕上げる必要がある。デザートや飲料には黒酢の色、風味などの特徴をバルサミコ風に表に出す方が効果的である。

赤唐辛子の〈辛味〉に隠された数々の効用

赤唐辛子の辛味の特徴

赤唐辛子（レッドペパー）は、調理にとって非常に重要な香辛料のひとつである。特有の辛味と甘味を感じるその味は、料理に特別な味わいを与えるだけでなく、材料のもつイヤなにおいを隠し、料理をよりおいしく感じさせる効果がある。

とくに、においにクセのある材料を使用する場合や、独特の辛味を楽しむといった料理には、欠かせない香辛料である。

赤唐辛子以外で辛味のある香辛料や野菜には、ワサビやマスタード、山椒、大根などがあるが、これらの辛味成分と赤唐辛子の辛味成分とはまったく性質の異なるものである。[*1]

赤唐辛子以外の辛味成分は蒸発しやすい性質で、時間とともに辛味が消え

●唐辛子［トウガラシ］／ナス科
Capsicum annuum L.

るが、赤唐辛子の辛味は蒸発しにくい。

加熱した場合でも同様で、ワサビやマスタードは辛さがなくなるが、赤唐辛子の辛味は加熱による影響[*2]をまったく受けない。この点が赤唐辛子の大きな特徴といえよう。

赤唐辛子の辛味成分は〝カプサイシン〟

赤唐辛子の辛味成分は〝カプサイシン〟と呼ばれるものである。カプサイシンの純粋な成分は白い粉末状で、水には溶けにくいが油にはよく溶ける性質をもっている。この性質を利用した調味料に〝ラー油〟がある。ラー油は、ゴマ油を加熱し、その中に〝タカノツメ〟などの辛味のとくに強い唐辛子を加えて、辛味成分と赤い色素を油の中に抽出(ちゅうしゅつ)させたものである。

カプサイシンの特徴は、先にあげたように蒸発しにくい点にあるが、それはカプサイシンの純粋な粉末を直接加熱すると油状になることからもわかる。カプサイシンの持つもうひとつの特徴は、辛味はかなり強いが、ワサビのようにツーとくる刺激ではなく、どちらかというと甘味を感じるような点にある。

赤唐辛子の辛味は品種によって違う！

赤唐辛子[*3]は、ラテンアメリカ原産の植物で、もともとはヨーロッパや東洋にはなかったものである。コロンブスのアメリカ大陸の発見を契機にして、

＊1　辛味の特性
辛味はその感じ方によって、次のふたつに大別される。
ホットタイプ…唐辛子やコショウの辛味。口に入れた瞬間にはさほど辛味を感じないが、後でヒリヒリと効いて辛味感が持続するタイプ。
シャープタイプ…ワサビやマスタードのように口に入れたとたん、ツーンと辛味を感じるタイプ。辛味感が消えるのが比較的早い。

＊2　加熱による辛味の変化
唐辛子の辛味の主成分であるカプサイシンは熱に強く、加熱によって辛味がそこなわれることがない。なお、ワサビの辛味成分のシニグリン（カラシ油とブドウ糖が結合したもの）は辛味が持続しない。ダイコンの辛味成分の含硫化合物は揮発性で加熱すると甘味成分に変化する。

スペインのそれらの地域の進出によってヨーロッパにもたらされた植物である。

唐辛子は、変異[*4]が激しい植物で、ヨーロッパへ持ち帰られた、たった一種類のものから、無数の唐辛子の仲間が生まれた。もちろん、原産地の中南米でも、驚くほど多種類の唐辛子が存在している。辛さも違えば、形や大きさも違う。とくに、辛さの違いは非常に幅がある。とはいっても、どの品種も、カプサイシンが辛味のもとであることには違いがない。

この辛さの違いには、とくに注意が必要で微妙に料理の味に影響する。辛さの強い弱いもあるし、甘味の感じ方にも差がある。だからこそ、この微妙な味の差を調理にうまく生かすことが大切である。それぞれの唐辛子の特徴を知り、料理によって種類を使い分けすることが必要なのである。

例えば、同じ品種の赤唐辛子でも、粉末を利用するか、丸ごとの乾燥品を利用するかで、料理の味が違ってくる。

さらに、粉末の赤唐辛子でも、銘柄ごとに辛味や甘味に差があるし、粗く挽いたものと細かく挽いたものとでは、細かく挽いたもののほうが辛味を感じるという性質がある。甘味の感じ方にも違いがあるので、上手に使い分けすることが大切なのである。

そこで、料理ごとに、どの種類の赤唐辛子が合うのか、そして、どういう使い方をすればよいのかといった工夫をしなければならない。そこが、赤唐辛子を調理に使う上でのポイントといえよう。ただ、単に赤唐辛子を使えば

＊3 唐辛子
トマト、じゃが芋と同じくナス科の植物。中南米原産。辛味種と甘味種がある。辛味種はスパイスとして使われることが多く、甘味種は野菜として使われる。タカノツメ、カイエンペッパー、ヤツフサは辛味種、獅子唐辛子、ピーマン、パプリカなどは甘味種に属する。品種の分化が多いが、一般的に原種に近いものほど辛味が強い。

よいというものではない。

赤唐辛子が料理の味を良くするのはなぜか?

赤唐辛子の魅力は何といってもその辛さにある。辛味は[*5]、味覚に対して、元の素材の味をある程度判別しにくくする作用がある。その一方で、辛味の魅力によって、味覚を満足させるということも同時に行なう。

豆腐の食べ方を例にとると――豆腐は水の味があまり良くない所では、いくら良い大豆を使っても、味の良いものに仕上がらない。これは豆腐の九割を水が占めるからである。こうした味のよくない豆腐で湯豆腐を作った場合、普通のタレで食べたのではもうひとつという感じである。ところが、タレにラー油を少し加えてみると、豆腐にラー油が絡(から)みついて、味がぐんと良くなる。ラー油には、辛味の他に、ゴマ油の風味も加わってはいるが、赤唐辛子の味がプラスに作用していることは間違いはない。通常でもこのようなタレに、七味唐辛子を使用するのを見ても、赤唐辛子に味を良くするための効用があることがわかる。

そばやうどんを食べるときも、七味唐辛子をふった場合と、ふらない場合とでは、味に大きな差の出ることは多くの人が経験していることだ。その場合、一味唐辛子といって赤唐辛子だけの粉末を加えることもある。

他にもスパゲティのソース類や〝チリ・コン・カン〟、〝トムヤムクン〟な

＊4　唐辛子の違い
唐辛子は気候風土の影響を受けるため か変異が激しい植物である。左の写真のうち右側の小さい方は、日本で一般的な唐辛子で、左側は韓国で一般的なもの。隣国であっても形状の差は大きい。味の上でも日本のものは辛味が強いが、韓国の唐辛子は辛味がきつくなく、まろやかな味のものが多い。

＊5　辛味を感じる部分
食べ物の味は普通、舌の味蕾（みらい）で感じるが、辛味は刺激として感じられる。赤唐辛子の粒子が細かいほど、味蕾に与える刺激は大きくなり辛味が増す。

どをはじめとする、いわゆるエスニック料理は、赤唐辛子なしでは成立しないといってもよいくらいだ。

肉でも内臓などを使用する料理では、やはり赤唐辛子を使うことが多い。内臓類は、味は良いが特有のにおいがある。このにおいを辛味の力で味覚に届きにくくするのは、赤唐辛子ならではの働きである。

カプサイシンはタンパク質の消化を良くする！

食事をした後の気分の良さは料理とは直接関係ないことのように思えるだろうが、じつは食後の気分の善し悪し（よしあし）というのは、料理の価値に対し、非常に大きな意味をもっている。

料理を食べた後に、いつまでも胃が重く、すっきりしない状態が続くと、再び、その料理を食べたいという欲求がなかなか起こりにくい。こういう状態になりやすいのは、タンパク質の多い料理をたくさん食べたときなのだが、その点、カプサイシンには、胃液の分泌を促（うなが）して、消化を早めるという作用がある。実験では、タンパク質とともにカプサイシンを与えた場合、与えていない場合よりも、胃から腸へ送られる食物の量が多く、しかも早いという結果が知られている。

肉料理などを量的に多く食べる場合には、カプサイシンの効用を生かし、食物の消化を早めることで食後の気分が良くなる。その結果、「もう一度、あの料理を食べたい」という欲求を起こさせることができるのだ。

カプサイシンには体温を変化させる効用もある！

カプサイシンは、タンパク質の消化を促進するだけでなく、体を急速に暖める効用をもっている。だから、寒いときなどにはカプサイシンの効用を生かすように、赤唐辛子をうまく料理に使用すると良いだろう。

気温の高い地域でも、料理に赤唐辛子を多用するが、これは、カプサイシンには体を暖めた後に、今度は体を冷やす働きがあるからだ。暑さの厳しいとき、冷たい料理に赤唐辛子を使い、ピリリとした辛味を効(き)かせると、口当たりが良く食が進む上、後には涼しく感じるという利点がある。

ついでだが、赤唐辛子の仲間には、パプリカ[*6]のように辛くない品種もある。効用は赤唐辛子に劣るが、同様の働きをもっている。だから、パプリカなども、彩りとして使うだけでなく、それ以外の効用も考えて料理に利用したいものである。

現在の食材の状況をみると、冷凍品をはじめとする加工食品類が多く、本当に生のままで、しかも鮮度の良いものとなると、なかなか入手しにくくなっている。冷凍の段階を通ると、どうしても味が変化する。また、養殖や肥育などの方法をとったものも、本当のうま味は得られない。

こういった時代に、味を良くする工夫を行なう上で、高い効果を期待できるのが赤唐辛子ではないだろうか。カプサイシンのもつ種々の効用をうまく利用することが、おいしさを追求する上での大切な鍵といえよう。

*6 パプリカ
甘味種の唐辛子。真っ赤に完熟した果実の種を取り除いて乾燥、粉末にする。スパイスとして料理の風味や、色づけに用いる。パプリカとは、マジャール（ハンガリー）語で唐辛子の意味。ハンガリーやスペイン産のものが良質で有名。

辛味と辛味調味料

辛味をもつ食材にはいくつかの種類があり、それぞれの辛味の強度や質、特徴は含まれる辛味成分によって異なる。辛味を含む食品とその成分を整理すると次のように分類できる。

1 唐辛子・コショウ・山椒…大変強い辛味成分を含み、辛味成分が揮発性でないので加熱料理や加工食品にも有効な辛味料となる。辛味の主成分はアミド類という窒素を含む物質である。唐辛子のカプサイシンがその代表的なもので、辛味成分の中でもとくに辛味が強い。唐辛子は辛さの程度を加減する調味料として利用しやすく、多くの辛味調味料や合わせ調味料の材料になっている。

コショウや山椒の場合は、辛味だけでなく香りや苦味など全体として風味のバランスがよいという特徴がある。そのために、辛味料としてではなく、香味料として食材の臭い消しや料理の香りづけに用いられている。

2 ワサビ・カラシ…鼻に抜けるような強い辛味をもち、その主成分は含硫化合物である。この辛味成分の特徴は、揮発性なので加熱したり密封しないで放置すると辛味が減少すること、また、辛味成分が酵素作用によって作られる点である。生ワサビでは細かい目のおろし器でよくすりおろすが、これは細胞中の辛味成分に酵素を効果的に作用するためである。粉ワサビ、粉カラシではぬるま湯で練るのがコツとされるが、これも辛味成分を作る酵素がよく作用する温度条件にするためである。両者ともおろしたり練ったものは辛味が揮発減少するので早く用いる必要がある。

3 ニンニク・玉ネギ…ネギ類の辛味の成分も同じく揮発性の含硫化合物に属している。ネギ類特有の刺激臭の成分は揮発性の含硫化合物なので、辛味、においを利用するときには共に細かくきざみ、すぐに使用するのが原則である。

辛味調味料

辛味が主成分の調味料。薬味やつけダレ、合わせ調味料に用いると、味にポイントをつけることができる。

七味唐辛子…唐辛子、黒ゴマ、麻の実、山椒、陳皮（ミカンの皮の乾燥品）、青のりまたはシソの実、ケシの実の7種の混合香辛料。麺類、鍋物の薬味などに。

柚子コショウ…おろした柚子と緑色の生唐辛子の混合香辛料。鍋物、冷奴の薬味などに。大分をはじめ産地の北九州では唐辛子をコショウと呼ぶところからついた名称。

ラー油…あらびきの唐辛子をゴマ油に混合して辛味と赤色を溶かし込んだもの。餃子のタレや料理の辛味づけに。

豆板醤…ソラマメで作った味噌に唐辛子を混合。マーボー豆腐などの辛味づけに。

コチュジャン…朝鮮料理に用いる唐辛子味噌。米、麦、大豆、こうじ、唐辛子を用いて発酵させて作る。煮物から和え物まで広く用いる。

チリパウダー…チリという唐辛子にオレガノ、クミンなどのスパイスを合わせた混合香辛料。チリコンカーン（うずら豆とひき肉の煮込み）の辛味づけ、オイスターカクテルのソースなどに。

タバスコ…タバスコという非常に辛い唐辛子に酢と塩を加えて発酵して作った辛くて赤いソース。ピザ、スパゲティ、サラダなどに少量加えて辛味と香りをつける。

〈カレー粉〉は日本人好みの香辛料

カレー粉を使うのが、日本のカレーの特徴

〝カレー〟は日本人に人気の高い料理のひとつである。ひと昔前までは子供向けの料理とされていたが、現在では、その風味は幅広い年齢層に好まれていて、カレーライスだけでなく、カレー風味の料理も多く作られている。

日本でカレーが広く普及し、これだけの人気料理となったのは〝カレー粉〟の果たした役割が大きい。

カレー粉はもともとはイギリスで生まれた配合香辛料だが、現在イギリスではほとんど使われていないようである。ところが、日本においては今や不可欠な香辛料となっている。

カレーは、ご存知のようにインドからイギリスを経て日本に伝わった料理である。ところが、日本で親しまれているカレーは、インドのカレーとはまったく違った料理となってしまっている。

●カレーのスパイス

その大きな違いのひとつが、〝カレー粉〟である。

我々日本人は、インドや東南アジアなどカレー料理のあるところには、カレー粉が存在すると考えがちであるが、これは日本的な発想のようだ。こうした国々にはカレー粉というものは、基本的には存在しない。

インドであれ、タイであれ、カレーを作るときは、多種類の香辛料を調理人が独自に配合する。そして自分の味のカレーを生み出すのである。

ちなみに、インドではカレーに使用する香辛料類は、そのほとんどが薬として考えられている。そのため香辛料の配合は、とても大切な仕事で、家族の健康を保つために工夫を凝らすのである。

当然ながら、インドでは家庭ごとに、香辛料の配合は異なるし、気候などの環境の変化にあわせて配合を変えたりもする。インドの人々にとって、香辛料の配合は生活の知恵の集大成ともいえるほど重要なことなのである。

だから、そうした国の人々にとっては、香辛料の配合という最も大切な部分を人まかせにしてカレー粉にたよるということは、とうてい考えられないのである。

カレー粉の普及

カレー粉[*1]という便利な食品が生まれたのは18世紀末のイギリスである。それより以前に、多種類の香辛料を使うインド料理の〝カリー〟がイギリスに伝えられたのだが、使用する香辛料の数があまりに多いため、より簡便に作

＊1 カレーの伝播経路
インドをルーツとするカレーは、インドからヨーロッパを経て日本へ伝播。17世紀、イギリス人が伝統的なスパイシーなインドカレーを本国に伝え、それがイギリスではルウ（小麦粉を油で炒めたもの）を加えた煮込み料理に変化。18世紀末には、カレーのスパイスを調合した「カレー粉」がイギリスのC&B社より販売され、ヨーロッパ全体に広まる。カレーは日本ではヨーロッパの料理（高級洋食）として受容される。その後、日本人の嗜好に合わせた国産カレーが多く作られ、家庭にも浸透。最近は東南アジアの料理の人気が高く、タイをはじめとする各国のカレー料理が親しまれている。

ることができるよう工夫した結果、カレー粉が誕生したのである。

イギリスのカレー粉が日本へ入ってきたのは、明治の初め頃。そして、日本で最初にカレー粉を作って売り出したのは大阪の薬問屋で、明治36年のことであった。この時代あたりから、日本でカレーライスが広く食べられ、日本人の嗜好に合うよう工夫されてきたわけである。

そしてカレー粉は、日本人の食生活に欠かせないものとなり、中国風、洋風、和風と幅広い料理に調和する便利な香辛料となって、今では広く利用されているわけだ。[*2]

"配合香辛料"が日本で多用されるのはなぜか?

カレー粉という配合香辛料がなぜ日本でこれだけもてはやされるのかを考えると、ひとつには日本人は香辛料を混ぜ合わせて使う習慣がなかったことが考えられる。

日本で古くから用いられる香辛料には、ワサビ、山椒、生姜などがあるが、これらはほとんどが単独で使われるからだ。

次に考えられるのは、「皆と同じだと安心する」という日本人の性格によるものである。自分で香辛料を配合してオリジナルの風味を作り出すより、誰かが配合して、すでに一定の評価を得ているものを使うほうが安心だという心理である。和風の配合香辛料の七味唐辛子を例にとってもわかるように、これを自分でブレンドする人はめったにいない。ゴマが多い方が良いと

＊2 辛味と適応力
辛味に対する適応力には個人差がある。ある程度の限界はあるが、味覚には慣れというものがあるので習慣づければ辛さに対する適応力は高まっていく。また、ストレスの多くかかる環境においては、辛味に対する嗜好が強くなる傾向がある。

か、唐辛子が効いている方が良いといった好みはあるようだが、たいていは製造者におまかせである。そして、いろんな製品の中から自分の好みに合う銘柄を探し出して使う傾向にあるようだ。カレー粉もこれと同じで、製品化されたものを買うのが当たり前となっている。

ウスターソースも配合香辛料のひとつ

日本人がいかに配合香辛料が好きかということは、ウスターソースを例にあげてもよくわかる。ウスターソース[*3]は、カレー粉同様、イギリスで開発されたソースだが、テーブルソースとしてこれだけ重宝がって使っているのは日本だけのようだ。

ウスターソースは、香辛料をはじめ、調味料、野菜など多種の材料を配合したソースだが、アミノ酸という日本人好みのうま味をもつため、多用されるのだろう。焼きそば、たこ焼き、お好み焼き、トンカツ、フライ……など と、ウスターソースの味で食べる料理はかなり多い。

カレー粉にしてもウスターソースにしても、その魅力は数多くの香辛料をうまく配合している点にあるのだが、その中には〝核〟となるような風味が隠されているようである。

カレー粉の場合、〝核〟としてふたつの代表的な香辛料があげられる。

ひとつは、カレー粉の特徴である黄金色を出すのに欠かせない〝ターメリック〟[*4]である。ターメリックは、インドでは高貴な香辛料とされ、祭りのと

＊3 ウスターソース
イギリスのウースターシャーで作り始めたので、この名があるという。一般的な作り方は、細かく砕いた野菜と粗粉にした香辛料類に水を加え、圧力釜で蒸す。これにアミノ酸液や着色料のカラメルなどを加えて攪拌（かくはん）し、酢やサク酸を入れた後、一カ月ほど熟成させる。

＊4 ターメリック
ショウガ科。日本名はウコン。根茎を煮沸加熱し、乾燥、粉末にして用いる。カレー粉の他、タクアン、マスタードなどにも黄色の着色料として利用される。

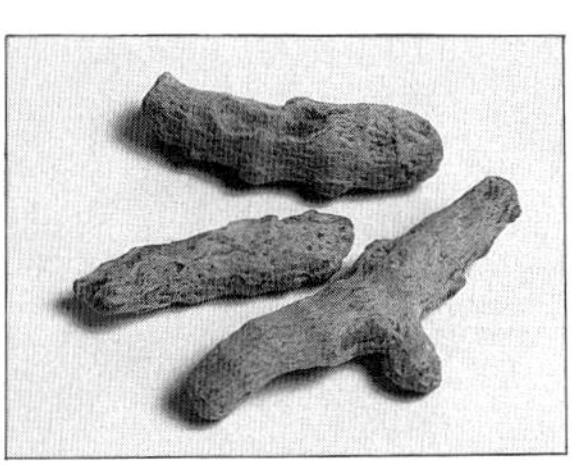

きなどのハレの日に、必ず用いられるようである。辛味はなく、独特の風味をもっている。

もうひとつは、カレーらしさを香りの面から出す〝クミン〟[*5]であろう。単独で用いると薬臭の強い香辛料なので、日本人には馴染(なじ)みにくいが、カレー粉として配合されると良い風味となり、日本人にも受入れられるようになるようだ。

カレーの風味は和風料理にも合う！

カレーパン、カレー肉まん、カレーうどん、カレーピラフ、カレーコロッケ、カレードレッシング……と、カレー味の食品をあげると際限がないが、これはカレーの風味が幅広い料理に適応するからである。

もちろん、カレー粉の風味は和風料理にもよく合う。淡白な和風料理に合わせるわけだから、うっすらと風味づけ程度に使用することがポイントとなる。とくに、生臭みをもつ食品のにおい消しや、風味にアクセントの少ない料理に使うと効果が高い。生魚の和え物、卵黄を使う黄金焼き、天ぷらの衣などはその一例だが、この他、工夫次第でいろいろな和風の料理に使うことができる。

カレーは日本人にはイメージの良い食品

カレーが日本でこれだけもてはやされるのは、風味が良いことはもちろん

＊5 クミン
セリ科。カレー粉の重要な香辛料の一つ。粒のまま、あるいは粉にして、シチューやパン、チーズ等の風味づけに用いることが多い。

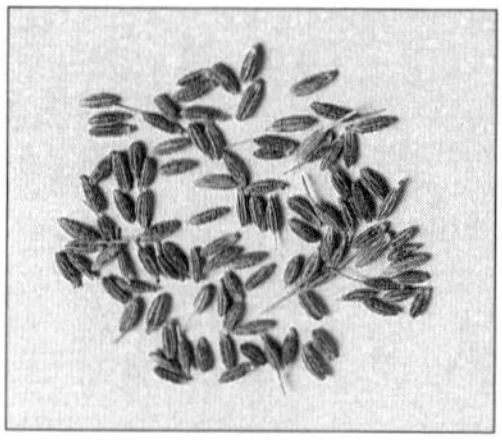

だが、じつはイメージ的な要因も大きく関係している。

子供のときに、カレーライスを〝楽しいご馳走〟と感じた人は多いはずだ。今も昔も、子供にとってカレーライスが親しみのあるご馳走という点では変わりはない。子供のころのこうした経験は、成長してからも嗜好の上で非常に重要なものとなる。子供のときに良い印象を感じた食べ物は、親しみやすい風味として意識にすり込まれるのである。

つまり、カレーをご馳走として育った人にとって、カレーは「安定食品」の役割を果たすのである。

「安定食品」というのは、わかりやすくいえば、〝おふくろの味〟のようなものである。

幼少のころから馴染んだ懐かしい味のものを食べると、ほっとして気分が落ち着くが、これは子供のときに経験した楽しい風味が心理に固定されているからなのである。

現在、カレーが日本人にとって非常に好まれる味となっているのは、「安定食品」という側面が大きいからともいえる。

カレーの風味をうまく利用すれば、その料理を好ましい味として受入れる人が多数存在することは確かだ。

カレー粉という便利な食品を、幅広い調理に、うまく使いこなすことができれば、多くの人に支持される料理を作り出すことは意外とたやすいことといえよう。

レモン・コショウに共通の〈香り〉の秘密と生かし方

香り成分とは何か?

食べ物をおいしく食べるのに〝香り〟[*1]は大切な要素である。人間の嗅覚は味覚よりもデリケートで、香りの善し悪しが料理の決め手となっていることは多い。香りにつられて食欲が増すことは多いし、逆に香りの好ましくない食品や料理の場合には、いかに味が良くてもなかなか食べづらいものである。だから調理の上で香りを上手に生かすことはとても重要である。とはいえ、天然の食品が持つ香り成分の種類は無数にあるといわれるし、ひとつひとつの食品にしても多種の香り成分から成り立っているわけだから、香りを上手に生かすことは、なかなか難しいといえよう。

食品に含まれる香り成分の量はほんのわずかなため、分析が難しく、香りについては解明されていないことも多くあった。だが、近年、分析技術が進

●檸檬[レモン]/ミカン科
Citrus limon Burmann

み、微量であっても、かなりの精度をもって測定できるようになってきている。香辛料などでは、香り成分以外の辛味や甘味といった各種の微量成分も少量のサンプルで測定できるようになっている。その結果、意外な食品同士に同種の香り成分が含まれていることもわかってきた。

レモンとコショウの魅力は共通の香り成分にある

洋風の料理にはスパイスやハーブ類がよく使われるが、その中で使用頻度が高いものに〝レモン〟と〝コショウ〟がある。白身魚の下ごしらえに塩をして、レモン汁を絞り、コショウをふってしばらくおくといったことがよく行われる。また、料理の仕上がりにもコショウをふったり、レモンを絞りかけたりと、風味づけには欠かせないものである。

レモンとコショウはまったく異質の食品であるが、この中には共通した物質が含まれていることが判明した。これがレモンとコショウとが併用されることが多い理由であると考えられる。

その共通の物質とは〝リモネン〟という香り成分である。柑橘(かんきつ)類に多く含まれており、とくにレモンにはその含有量が多い。

では、コショウの方はどうだろうか。コショウは辛味に特徴のある香辛料だが、同時に香りの香辛料といってもよく、気分を良くする風味を持っており、その主要成分の一つがリモネン[*2]なのである。とくに、黒コショウに多く含まれている。

＊1 香りの意外性
香りは、同じ成分から成っていても、配合割合が少し異なるだけで、全くの別物と思われるようなものを感じさせる。例えば、カツオ節とクサヤのにおいはかなり違って感じるが、化学的にはほぼ同じものからできている。わずかな配合の違いが大きい差異を生むわけだ。また、生姜や山椒の香りはバラの香りとほぼ同類だし、お茶やコーヒー、酒、ビールにもバラの香り成分が含まれる。

＊2 コショウのリモネン
リモネンは、コショウの外皮に含まれているため、外皮をはがした白コショウより、黒コショウの方が多い。

柑橘類に多い香り成分のリモネンが、コショウにも多量に含まれるということはなかなか信じがたいところだ。しかし、前述したように分析技術が進んだ結果、レモンとコショウにはリモネンが共通して含まれていることが判明したのである。

リモネンは食欲を増進させる効果がある

香りの成分のうち、食欲増進の効果をもつものとして、次の3種があげられる。「リモネン」「バニリン」そして「ブラウンフレーバー」である。

バニリンは、バニラエッセンスの香りを思い浮かべていただけばよいだろう。あの甘い何ともいえない香りである。甘い菓子類にバニラエッセンスを入れ忘れたら、気の抜けたような甘さになってしまう。

ブラウンフレーバー*3は、食品をこんがりとキツネ色に焼いたときにでる香りの総称である。ウナギの蒲焼き（かばやき）やトウモロコシを焼いているときに出る香りもその一種で、食欲をそそる香りである。

リモネンは食欲増進に高い効果がある他、臭みを抜くのにも役立っているようだ。レモンとコショウが魚など生臭みをもつような材料の下処理として欠かせないのはこのためだ。また、エビフライやムニエルなどを食べるときにレモンを絞りかけたり、コショウをふったりするのは、特有のにおいを持つこれらの食品の風味をリモネンによってさらに良くし、食欲を増進させる効果が利用されているのであろう。

＊3 ブラウンフレーバー
ブラウンフレーバーといわれるものには次の三種がある。
メラノイジン…アミノ酸、あるいはタンパク質が糖類と加熱されたときにできる香りで種類が多い。ご飯のお焦げや、蒲焼き、照り焼き、焼き上がったケーキの香りなどもその一種。
カラメル…糖分を焦がしたときに出る香り。プリンにはつきものだが、他ではコーヒーを焙煎するときの香りもカラメルだし、甘味のある焼き菓子にもついている。
ディープフライフレーバー…油を使って加熱調理したものの香り。天ぷらやフライ、また肉類を焼いたときの魅力もこの香りによるところが大きい。

酸化しやすいことがリモネンの欠点

料理の風味を良くしてくれるリモネンだが、問題な点がひとつある。それはリモネンが非常に酸化されやすいことである。酸化されやすい食品の代表に油があるが、リモネンは比べものにならないほど早く酸化が進む。とくに、空気に触れたままの状態で置くと酸化は早くなる。

ただし、丸ごとのレモンや粒のコショウでは、組織が破壊されているわけではないからリモネンは酸化しない。

切り分けた後のレモンや挽(ひ)いた後のコショウは、組織が破壊されたのだから、リモネンの酸化が急速に起こることとなる。だから、レモンやコショウをどのように扱うかによって、料理の風味は大きく違ってくる。

酸化したリモネンを含むレモンやコショウを料理に使用すれば、当然、リモネンの効果は期待できない。それどころか、料理の風味に対してマイナスになる場合が生じてくる。これは、酸化したリモネンには消毒薬のような薬臭があるためである。薬くさい香りが料理に加わるのだから料理の風味が低下するのは当然といってよい。

レモンの香りを保つ扱い方と保存方法

レモン[*4]は料理の風味を良くする他、彩りの良いところから、料理によく使用されている食材である。薄切りやくし形切りにして、料理や飲み物に添え

＊4 レモン
ミカン科。原産地はインド・ヒマラヤ山麓。温帯や熱帯地域で栽培。主産地はアメリカのカリフォルニア州、地中海沿岸地方。日本では瀬戸内海沿岸、和歌山県、静岡県などの暖地でわずかに栽培される。

ることが多いが、扱い方や保存方法が良くないために、香り成分の効果を発揮させていないことがよくある。

飲食店などでは、あらかじめ薄切りやくし形切りにしたレモンを使っている場合が多いようだが、これでは酸化した薬臭のあるレモンを使っていることになり、レモンの香り成分を有効に利用していない。では、使うたびに薄切りにすれば良いかというと、やはりこの場合も切り口は酸化しているので良い使い方とはいえない。

最も良い方法は、空気に触れて酸化している切り口の部分を薄く切り捨ててから使うようにすることである。もったいないようだが、これだけでずいぶんと風味が違ってくる。いったん切り分けたレモンは、ラップでピッチリと覆って酸化を進めないことと、早めに使い切ることが大切である。

コショウの効果的な使い方

次にコショウ[*5]であるが、リモネンを生かす良い使い方は、必要な都度ガリガリと挽いて、挽きたてを用いることにつきる。

コショウは、粉に挽いたものが商品として多く出回っており、よく利用されているようだが、保管の状態に気を配り、開封後は2週間以内に使い切るようにしたい。そうしないとリモネンの効果を期待できないばかりか、逆に酸化したリモネンを味わうことになる。

ヨーロッパへ行くと、飲食店はむろん、家庭でもコショウ挽き器を備えて

*5 コショウ
コショウ科の熱帯性植物。古くから香辛料として用いられる。同じ木から採るが、採取時期とその後の処理法によって3種類ある。まだ熟していない実を採取したグリーンペパー、未熟な実を乾燥させたブラックペパー、完熟した実の外皮を取り除いて乾燥させたのがホワイトペパーである。コショウの主な生産地は、マレーシア、インドネシア、インドで日本にはマレーシア産が最も多く輸入されており、全輸入の7割近くを占めている。

ある。これはヨーロッパではクセのある肉類を常に調理して食べているからで、料理をおいしくするため、長年のうちに培(つちか)われてきたものといえよう。

ヨーロッパでのコショウに対する欲求は大きく、コショウを手に入れるために中世には、ポルトガルやスペインなどが探検船をこぞって繰り出し、東洋への冒険旅行に出かけたほどである。コロンブスがアメリカ大陸を発見したのも、元はといえばコショウがきっかけである。コショウを入手するために、戦争まで起こしているほどだから、コショウの魅力がとてつもなく大きいことがわかる。

欧米の料理ではコショウ[*6]の使い方が料理のできばえ、とくに風味の上で大きな役割を担(にな)っているといっても過言ではない。

リモネンは和風料理でも生かされている

リモネンを利用して料理の風味を良くしているのは洋風のものだけではない。和風の料理でも結構利用されている。

例えば、吸い物などに用いる柚子の皮、また柚子の果皮を器にみたてて利用する柚釜(ゆがま)、さらには幽庵(ゆうあん)焼き、他にも松茸やサンマの焼き物にスダチの果汁を絞ったり、フグ料理や鍋物にポン酢を使ったりなど、みな柑橘類のリモネンの香りの効用で、魅力ある料理に仕上がっているのだ。

リモネンをうまく使いこなすことで、幅広い人に喜ばれる料理を作ることができるのは間違いない。

*6 コショウの使い分け
黒コショウは香りとともに辛味が強いので肉料理や炒め物、スープなどの消臭、香りづけとして使うと良い。白コショウはホワイトソース、クリームシチューなどのように白い色を活かした料理に。漬け物や煮込み物には粒のまま使うと良い。

〈オリーブ油〉を利用すれば料理の魅力が高まる

オリーブ油の特徴は「オレイン酸」にある

今、オリーブ油の人気が上昇している。理由としては輸入量が増し、手軽に使えるようになったことと、オリーブ油に対して味覚がずいぶんと慣れてきたこともあると考えられる。

食の嗜好というのは、以外に保守的な面があり、経験したことのない風味に対しては拒否反応を示すことが多い。

オリーブ油もかつてはそうした扱いを受けていたが、どうも特有の風味があまり好まれなかったようだ。しかし、最近では、そうした障害もなくなり、オリーブ油の使用量が年々増加してきている。

オリーブ油[*1]の調理上のポイントとしては、日本で日常よく使用されている食用植物油とは、少し性質の異なる部分があることが第一にあげられる。風

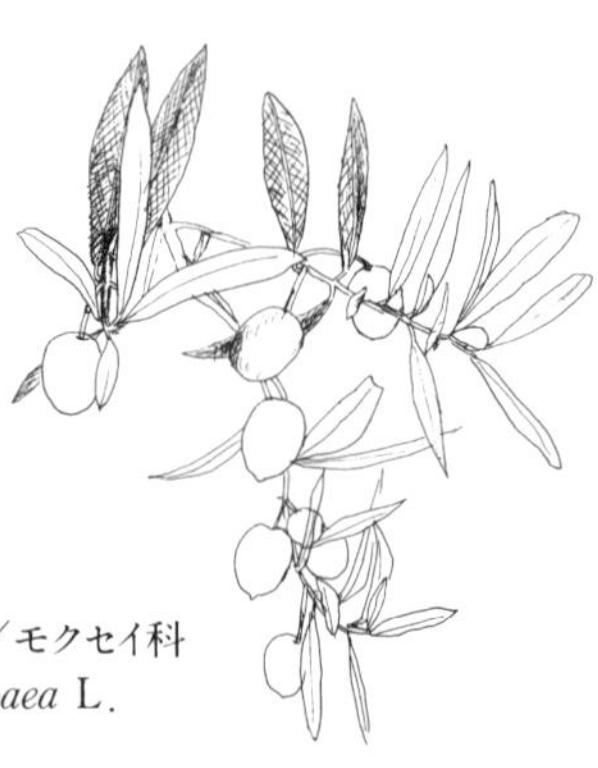

●オリーブ／モクセイ科
Olea europaea L.

味も違うが、脂肪酸の種類が違うということがポイントになってくる。

オリーブ油に主に含まれるのは「オレイン酸」という脂肪酸で、これが脂肪酸全体の80％近くもを占めている。このオレイン酸という脂肪酸がオリーブ油の性質を大きく支配していることをまず認識することが大切である。

オレイン酸とは？

脂肪酸[*2]には種類が多いが、その中でもオレイン酸は特殊な性質をもっている。脂肪酸はまず、大きく飽和脂肪酸と不飽和脂肪酸のふたつに分けられる。オレイン酸は、不飽和脂肪酸の一種だが、その中でも「一価不飽和脂肪酸」と呼ばれる脂肪酸に属している。日常よく使用する植物油に多く含まれている「リノール酸」も不飽和脂肪酸の一種なのだが、こちらは「多価不飽和脂肪酸」に属しており、オレイン酸とは性質が異なる。

例えば、オレイン酸の多い油で揚げ物や炒め物を作るとからりと仕上がるが、リノール酸が多い植物油を使うと加熱したときにべたべたした感じになる。この傾向は、リノール酸が多いほど強まる。

同じ不飽和脂肪酸であっても、不飽和の部分がひとつしかない一価不飽和脂肪酸のオレイン酸と、不飽和の部分が二個ある多価不飽和脂肪酸のリノールのような脂肪酸とは違った性質を示すのである。

油を炒め物に使用する場合、リノール酸の多い油は、強く加熱すると油が酸化[*3]して、粘っこくなってくる。これは油には酸化が進むほどに、粘性を増

＊1　オリーブ油
オリーブ油の実を圧搾してとる。実に含まれる油の料は40～60％。脂肪酸はオレイン酸77％、リノール酸も7％程度含む。

＊2　脂肪酸
油脂の主成分である脂肪酸には様々な種類がある。種類の違いは、脂肪酸が持つ炭素の数やその結合の仕方による。不飽和脂肪酸は二重結合（不飽和結合）を持つものをいい、二重結合が一個なら一価不飽和脂肪酸、二個以上なら多価不飽和脂肪酸と呼ぶ。二重結合を持たないものを飽和脂肪酸という。

す性質があるからで、その結果、炒め物はべとべとした感じになりやすい。

オレイン酸の調理上の効果

一方、オレイン酸の多いオリーブ油は、強く加熱しても酸化しない。だから炒め物をしても、べたつかないで、さらりとした感じに仕上がる。

イタリア料理ではスパゲティを油で炒めることが多いが、オリーブ油で炒めると、スパゲティの表面がさらりと仕上がり、口当たりも良い。これは、オリーブ油ならではの利点である。

オリーブ油が加熱に強いということは、揚げ物にも強いということだ。白魚、小海老、ワカサギなどを揚げるとき、オリーブ油を使うと、からりと揚がり、決してべたつかない。これに、食塩でも振りかければ、さくさくとした、感触のよいから揚げ料理ができる。

また、皮の付いた白身魚をソテーする場合も、オリーブ油を使うと、皮の部分が特にからりと仕上がる。あとで、ソースをかけても、からりとした皮がべたつくことはない。その上、オリーブ油の良い香りで、料理全体の風味がかなり向上するという利点まである。

オリーブ油と同じようにオレイン酸の比率が非常に高いのが「パームオレイン」[*4]という油である。この油を使って揚げ物をすると、やはり、からりと揚がる。ドーナツを揚げるのによく使われているが、パームオレインで揚げたドーナツは表面がさくさくしていて、たしかに口当たりが良い。ただし、

＊3 油の酸化
油は空気中の酸素によって酸化され、風味や栄養価を損なうだけでなく、有毒物も生じる。とくに不飽和脂肪酸は酸化しやすいが、一価不飽和脂肪酸に限っては、加熱しても酸化しにくいという特性をもっている。

＊4 パームオレイン
パーム油（ヤシの果肉を圧搾して採取した油）を原料とする半固形脂。オレイン酸を含み、安定性のある揚げ油としてドーナツや即席麺、揚げスナック類などに使われている。融点が18～24度とパーム油の中では低いため気温の高い地方では液体脂として扱われる。

オリーブ油とは違って香りがないので、シナモンなどのスパイスで香りをプラスする必要がある。

このように、オレイン酸の多い油は調理上、非常に良い点をもっているのである。しかも、オリーブ油のように独特の香りが加われば、それが食欲をそそる点でもプラスに働くのである。

オリーブ油は健康にも良い！

オリーブ油は現在、健康面でも大いに注目されている。なぜかというと、オリーブ油に多く含まれるオレイン酸は、血液中に入っても、酸化しにくいという特性を持っているからだ。血液に含まれる脂肪にはいろいろな種類があるが、その脂肪の種類によって脂肪酸の酸化が起こりやすいかどうかといった差異につながるからだ。酸化しにくい脂肪酸の場合には老化や癌の防止につながる。

さらに詳しくいうと血液の中には、脂肪がかなり含まれている。その脂肪の形は、タンパク質と結合した「リポタンパク質」[＊5]と呼ばれるもので、リポタンパク質にはHDL（高比重リポタンパク質）とLDL（低比重リポタンパク質）がある。HDLは血管に余分に付着したコレステロールや中性脂肪を除去する働きがある。

一方のLDLは、コレステロールや中性脂肪を血管へ運ぶ働きがある。このLDLに含まれる脂肪が酸化されると、老化や癌（がん）などの引き金になりやす

＊5 リポタンパク質
血液中に存在する脂質と結合した形のタンパク質で、血液中に存在し、脂質を運搬するための形である。その主なものはHDL（高比重リポタンパク質）とLDL（低比重リポタンパク質）である。細胞膜の成分になる中性脂肪やコレステロールなどと結合し、水に溶けやすくして各臓器に送る働きをする。

い。ＬＤＬに含まれる脂肪を酸化されにくいもので占めると、老化や癌の予防につながる。

だから、オレイン酸のように酸化されにくい脂肪酸を比率的に高く含むオリーブ油が注目されているのである。

同じ植物油でも、リノール酸の多い油は、多量に摂取すると、体内で酸化して老化や癌の引き金になりやすい。その点でも、オレイン酸の多いオリーブ油は、安心して使用できる植物油であるということができる。

オリーブ油は料理のイメージを良くする

オリーブ油は、サラダのドレッシングやマリネなどのように、生で油を使用する料理に対しても良い結果をもたらしてくれるが、これは口当たり、香り、風味が非常に優れているからだ。ドレッシングを作るとき、酢も一緒に使うが、この場合、普通の酢よりも、ワインビネガーを使う方がオリーブ油にはよくマッチして、大変に良い風味に仕上がる。

ところで、オリーブ油[*6]には、各種の段階のものがある。最初に搾（しぼ）った油を「バージンオイル」というが、その後順次、強く締めて搾るにつれて等級が下がっていく。

すべての料理[*7]にバージンオイルを使うとなるとコストの点で問題があるし、むりに高級なものを使わなくても良い場合もある。

オリーブ油を生で使用する場合はバージンオイルの方が良いが、炒めた

＊6 オリーブ油の分類
世界中で生産されるオリーブ油の区別は国や地域によって違う。以下の分類は一般的なもの。
バージンオリーブ油…化学的処理を一切加えず、オリーブだけを搾ったもの。酸度が低いものほど上質。「エキストラ」「ファイン」「セミファイン」の順で区別される。
精製オリーブ油…品質に精製の必要があるバージンオリーブ油を精製したもの。
オリーブ油…バージンオリーブ油や精製オリーブ油を混合したもの。

り、揚げたりと、加熱して使用する場合には、もっと下のクラスのもので十分である。等級が下のものの方が不純物がいくらか含まれているためか、かえって加熱によって良い香りの出る傾向がある。

オリーブ油は、非常に古い歴史をもっている食品である。ギリシア・ローマ時代にはすでに使用されていたようだ。そして、食用としてだけではなく、薬用としても、貴重なものであったらしい。日本でも、赤ちゃんの皮膚に塗る油としてオリーブ油がよく使われているが、これはオリーブ油には酸化しにくいという特性があって赤ちゃんのデリケートな皮膚に刺激を与えないからだ。

こういった例をみても、オリーブ油がいかに身体に良いものであり、安心して使える油として、長く利用されてきたかがよくわかる。それだけに、料理に良く、健康に良いというオリーブ油は、今後ますます注目を浴びるのではないだろうか。

料理にとってイメージは非常に大切なものである。イメージが料理の評価を大きく左右するからだ。だから、オリーブ油を料理に使って、そのヘルシー性や風味の良さを積極的にアピールすることで、料理のイメージアップが図れるというわけである。

＊7 オリーブ油の使い方
同じ等級のオリーブ油でも産地やメーカー、銘柄によって風味や味が異なるので自分で確かめて選ぶ。例えば魚料理ならあっさりした風味のものを選び、クセのある肉には香りが強いものを用いるなどの使い分けをすると料理が一層引き立つ。また、炒め物や揚げ物など、油の使用量が多い調理には普通のサラダ油を用い、仕上げの直前に少量のオリーブ油で風味づけをするのも一法。

マヨネーズ

マヨネーズの発祥地は地中海のミノルカ島マオン市で、特産品のオリーブ油と卵で作られたという説がある。世界中の多くの人達に好まれ、サラダソースの他に、多くの料理に用いられている。

マヨネーズの構造は油と酢が卵黄によって乳化した状態になっている。乳化というのは水と油のように、普通には均一に混ざらないはずのものが、一方の溶液に他方の物質が細かい粒子として均一に分散している状態のことである。この両者をつなげる役割をするものを乳化剤という。乳化剤は化学構造上、水と結合する親水基と、油と結合する親油基の両方を合わせもつために、油と水がまるで溶かしたように混ざることができる。

卵黄自体が48％の水分に34％の脂肪が乳化した状態であり、マヨネーズはその乳化状態を保ちながら仕上げたものということができる。卵黄中の乳化剤の役割をしているのはレシチンやタンパク質が主役で、コレステロールにも乳化作用がある。調味で用いるカラシは乳化を促進し、酢の一部、あるいは全部をレモン汁にすると、レモン中のペクチンが乳化した状態を安定にする作用がある。一方、コショウは乳化をやや妨害するので、使用量はほどほどにする方が良い。

乳化の形と味

マヨネーズは油がたっぷり含まれているのにレモン汁で薄めたり、醤油やケチャップで調味することができる。また、マヨネーズのついた皿などを水で洗い流すことも出来る。これは、マヨネーズの乳化の形が、油の粒子を酢が取り囲んでいる、つまり、酢の中に油が分散しているからである。これを水中油滴型の乳化という。牛乳や卵黄も同じく水中油滴型である。

一方、バターやマーガリンは油中水滴型、つまり、少量ではあるが含まれている水分が油の中に分散しているので、味覚的には油の風味を直接感じる。皿などについた油分は水では流れないので洗剤が必要となるわけだ。

マヨネーズとドレッシングを比べると、どちらも油が主成分でありながら、マヨネーズの方が油そのもののしつこさを感じない。その主な理由は両者の油の乳化の形が違うからである。

乳化したものは食感がなめらかになり、塩味や酸味などの味がマイルドに感じる。これがマヨネーズのおいしさの重要なポイントである。

マヨネーズを扱うコツは、良い乳化状態に作ることと、それを保つことである。手作りのマヨネーズは分離しやすい傾向があるが、それは攪拌力が弱いために粒子が大きくなるのが原因のひとつである。粒子が大きいと保存時の温度や衝撃などに対して乳化状態が不安定になりやすい。手作りの時の室温は16～18度がよく、高すぎたり低すぎると良い乳化が得られない。また、使用する卵の温度も冷えすぎや温まったものは良くない。その他、攪拌時の油の加える量や速度も乳化状態を左右する。

市販品の扱いにおいても、保存温度の高すぎや低すぎは良くない。一般には、冷蔵庫で保存されることが多いが、低温部で長く置くと部分的に分離することがある。乳化状態が崩れて分離すると、油が空気に触れて酸化し、風味やなめらかさが損なわれる。

第2章

身近な食材の知識と生かし方

〈トマト〉の味に含まれる意外な魅力とその生かし方

トマトの味が好まれるのはなぜか？

トマトの加工品は、比較的よく使用される材料、あるいは調味料といってよいだろう。缶詰やジュースなどの加工品の他、調味料に属するものとして、トマトピューレやトマトペースト、ケチャップ、チリソース……などと非常に種類が豊富である。

トマトの味が、多くの人に好まれる理由はいくつかあげられるが、ここでは、今まであまり一般に知られていなかったトマトの味の魅力ついてとり上げてみよう。

トマトの味の大きな魅力となっている物質だが、これが意外なことに〝グルタミン酸〟であることが近年わかった。

グルタミン酸といえば、日本人であればまず昆布を連想する人が多いに違いない。昆布以外にも、味噌、醤油、日本茶のうま味はグルタミン酸が主力

●蕃茄（パンカ）[トマト]／ナス科
Lycopersicum esculentum Mill.

であることを知っている人は多いはずだ。

ところがグルタミン酸は野菜類にも多く含まれているのだ。もちろんトマト[1]にもである。したがってトマトを濃縮したトマトピューレやトマトペースト、ケチャップにいたっては、測定値は持ち合わせていないが、グルタミン酸はかなり含まれているものと思われる。

トマト[2]の発見は中世のアメリカ大陸発見のころに始まるが、その後たった2世紀ほどの間に世界中に広まっていったのである。トマトが世界中で好まれた理由としては、グルタミン酸という、うま味成分の魅力があったことも一因と考えられる。

トマトのグルタミン酸は〝味の相乗作用〟を生む

日本ではダシを取るときに、昆布とカツオ節、あるいは干し椎茸を一緒に使ってうま味を強めることは常識である。

昆布のうま味成分であるグルタミン酸にカツオ節のうま味成分であるイノシン酸や、干し椎茸から出るうま味成分のグアニル酸が少量加わることで、飛躍的にうま味が強化されるからである。

トマトにはグルタミン酸が多いということがわかったのだから、これに対応するように、うま味を強調するものを組み合わせれば、料理の味のうま味を強く出すことができる。

では、どのようなものがトマトのグルタミン酸に対応して味を強調できる

＊1 トマトのグルタミン酸含有量
生のトマトに含まれるグルタミン酸の量は、100g中に260㎎。
左は主な食品のグルタミン酸含有量でいずれも食品100g中の量である。

・ブロッコリー	920㎎
・キャベツ	370㎎
・ほうれん草	300㎎
・にんじん	260㎎
・たまねぎ	240㎎
・白菜	230㎎
・大根	140㎎
・生しいたけ	320㎎
・じゃがいも	290㎎
・さいまいも	130㎎
・干しのり	4200㎎
・真昆布	1700㎎
・牛乳	560㎎
・チーズ（チェダー）	5400㎎

だろうか。まず、イノシン酸を考えてみよう。日本料理ではカツオ節を使えば良いが、肉類も熟成してくるとイノシン酸の量はかなり多くなってくる。牛、豚、羊、馬など、多くの家畜肉はいずれも低温で熟成させ、味が出てから食用とする。これはつまり、イノシン酸が増加してうま味が出てから食用にされるということである。

このことは、トマトと牛、豚など家畜肉の熟成したものとを一緒に調理すれば、両者の味が相乗的に働いて、うま味を増すということを示している。

魚類でも背の青い系統のものはイノシン酸が多いので、同様のことがいえる。例えば、イワシやニシン、サバ、サンマなど青魚の缶詰にはトマト味のものが多いが、これはグルタミン酸とイノシン酸との良い組み合わせの例といえよう。

肉や魚以外の食品で、トマトのグルタミン酸と合うものには、キノコ類があげられる。キノコ類はグアニル酸を含んだものがかなり多く、当然のことながらトマトとの相性は良い。キノコの入ったトマトソースのスパゲティは経験から作られるようになったものだろうが、科学的にみてもうま味を増強する良い組み合わせである。

生のトマトと加工トマトの違い

グルタミン酸が多く、日本人の嗜好に合いそうなトマトだが、おもしろいことに生のトマトだとなじみにくいという日本人は結構いる。生のトマト特

＊2 トマト
ナス科の一年草。原産地は南アメリカの熱帯地域。コロンブスが唐辛子とともにヨーロッパにもたらした重要な野菜。日本にも江戸時代に伝わったとされるが、当時は観賞用で、日常食になったのは戦後のこと。露地物の最盛期は夏だがビニールハウス栽培も盛んで一年中出回る。ケチャップやピューレなど加工品も多い

有の青くさいにおい[*3]と口当たりが敬遠される原因のようだ。第二次世界大戦以前の日本人では、生のトマトになじめない人が今よりももっと多くいた。それなのに、その時代、トマトケチャップはすでに日本の食卓に浸透していたことも事実である。代表的な料理がチキンライスである。生のトマトになじめない人が多い一方で、トマトケチャップは大いに歓迎されたのである。

なぜ、トマトケチャップが受け入れられたかというと、トマトを加工する過程で加熱や濃縮、他の味を添加したりすることにより、生のトマトの問題点が上手に取り除かれたからであろう。

生のトマトのマイナス要素がなくなることで、トマト中のグルタミン酸が威力を発揮することができたわけだ。その結果、「こんなにおいしいものはなかなかない」ということになったのだろう。

トマトや昆布のように食品中に含まれているグルタミン酸は、化学的に製造した純粋なグルタミン酸ナトリウムと違って、他の材料とうまく組み合わせて、うま味を強めていくことが可能である。

こういった点から考えると、トマトの加工品[*4]や調味料類はどんな組み合わせが合うのか、もっともっと研究していく必要があるようだ。

ピザの味の魅力とは？

トマトを使った料理にはいろいろなものがあるが、〝ピザ〟もトマトの風味を活かした料理で、しかも日本で人気の食べ物である。ピザが日本でも受

＊3　青くさいにおいの正体
生のトマトの青くささは青葉アルコールと呼ばれる成分による。敬遠する人もいるが、魚や肉を調理するときには消臭の効果を発揮する。トマトジュースの青くささが気になる場合は、挽き立ての黒コショウを少し加えると良く、青くささが消えると同時にトマトのコクが引き立つ。

け入れられるようになってかなりの年月がたっている。外国から伝わった料理の中には、一時的に流行するものの、どうしても日本人の味覚になじみにくくて、消滅に近い状態になったものがかなり多いが、その中でピザの人気は落ちない。

なぜ、ピザの人気が高いのかは使われている材料を見ると、よくわかる。まずソースだが、これはトマトをベースにしたものだから当然グルタミン酸の味が入っている。

さらに、意外と思われるだろうが、チーズにもグルタミン酸が多く含まれている。しかもチーズのグルタミン酸の含有量は、トマトより二〇倍も高い（156ページ参照）のである。チーズの原材料となる牛乳には遊離のグルタミン酸はあまり多くはないから、チーズを発酵熟成させる過程で、牛乳タンパク分解によりグルタミン酸が増加するものと思われる。

ピザは、トマトとチーズに含まれるグルタミン酸といううま味がある上に、具としてはイノシン酸をたっぷりと含むサラミソーセージなどが加わる。こうなると説明するまでもなく、ピザの味を魅力的と感じてしまう日本人が多いのがおわかりだろう。

ただ、ピザの場合、ひとつの問題点がある。それは、チーズに対する日本人の反応である。現在の若い世代は牛乳やチーズで育ってきているからチーズに対する抵抗はあまりない。ところが、年配の人の中にはチーズの風味になじめない人がかなり存在することも確かだ。これはチーズには発酵熟成の

＊4 トマトの加工品
トマトの代表的な加工品には次のようなものがある。
・トマトホール水煮…トマトを丸ごと水煮にしたもの。
・トマトピューレ…果肉を裏漉しし、濃縮したもの。調味していないので応用範囲が広い。
・トマトペースト…ピューレをさらに煮詰めてペースト状に濃縮したもの。味が濃いのでソースや煮込みに利用する。
・トマトソース…ピューレに食塩、香辛料を加えて味つけしたもの。ミートソースや煮込み料理のベースに。
・トマトジュース…完熟トマト100％のジュース。
・トマトケチャップ…ピューレに調味料、香辛料、玉ネギやニンニクを加えたもの。そのままを食卓でソースとして用いる。

過程で生じる特有の風味があるからである。

食べ物は科学的にみて、うま味成分がたくさん含まれているからといって、すべての人に好まれるわけではないのだ。料理を作る際にはこうしたことを考慮に入れることも必要で、単純にうま味成分が多ければおいしいと評価されるわけではないからだ。

発育期になじんだ味かどうかもポイント

ここで人間の食の習性について考えてみると、「発育期になじまなかった食べ物の風味に対しては、後になってもなじみにくい」という原則がある。若い時代にチーズの風味になじむ機会がなかった人がチーズの風味を苦手とするのは当然のことといえよう。

また、年令が高くなるほど、味覚の若返りというか、発育期に食べた味や風味に親しみを感ずる傾向がある。これはどうすることもできない人間の本能的な習性である。

だから、たとえ科学的にみて、どんなに魅力ある料理で、しかも多くの人がおいしいと評価しても、それを好まない人がいるということを知ることは、料理を作る側にとっての大切な基本といえよう。

〈じゃが芋〉料理の人気の秘密

〝ポテト料理〟の人気が高いのはなぜか？

〝ポテト〟という食品には、不思議なほど人気が集まっている。ポテトサラダやベイクドポテトは相変わらず好まれているようだし、ハンバーガーやフライドチキンの添え物といえば、フライドポテトというのが定番である。

なぜ、これほど〝ポテト〟に魅力があるのだろうか？　この疑問を感じたら、調理人として一人前である。

ここで魅力があるといっているのは野菜としての〝じゃが芋〟ではない。あえて〝ポテト〟と表現しているのは、「油で調理されたじゃが芋」のことである。

フライドポテトやポテトサラダなど、人気の高いじゃが芋料理をみると共通していることがあるが、それは油の利用である。油と合わさることで、じ

●馬鈴薯（バレイショ）［ジャガイモ］／ナス科
Solanum tuberosum L.

ゃが芋がおいしくなるのだ。

“ポテト料理”の人気の秘密は油にある

じゃが芋は、油と非常になじみやすい性質をもっている。油は、そのままではギラギラした感じで、口に入れたときにあまり良い感触を与えるものではない。しかし、じゃが芋に油を吸収させれば、油のギラギラした感触がなくなって、口当たりも良くなる。これは、じゃが芋が余分な油[*1]を吸収してしまうからである。

例えば、市販のポテトチップスの場合、油の含有率はなんと35％にものぼる。しかし、食べてみてそれほどギラギラした感じがしないのは、じゃが芋が油を吸収しているからである。

このようにじゃが芋が油を吸収しやすいのは、じゃが芋の組織が油を吸収しやすいように構成されているからだ。じゃが芋の組織は、油との相性が良いのである。じゃが芋と油を組み合わせたポテト料理の人気が高い理由はここにある。

じゃが芋は種類によって油との相性に差がある

じゃが芋には、油を吸収して味の良くなる種類と、油が表面に浮き出やすい種類とがある。油が浮き出やすいのはメークイン系のじゃが芋で、油を吸収しやすいのは男爵系のものである。さらに男爵系のものを改良し、油をう

＊1 じゃが芋の油の吸収率
じゃが芋は、油をよく吸収する食物であるが、形状によって油の吸収率が大きく変わってくる。例えば、素揚げにする場合、丸ごとの芋（皮なし）やくし形（皮つき）で2％、拍子木切りで4％、せん切りで6％、薄切りでは15％、極細のせん切りでは19％の吸収率である。じゃが芋を調理するときは、この点にも注意が必要。

まく利用できるようにした「雪白」[*2]といった品種もある。

じゃが芋は、本来生のままでは貯蔵[*3]しにくいが、雪白は、その点を克服するため品種改良されたもので、油で揚げて冷凍保存し、使用時に再び揚げれば、カラリとしたフライドポテトに仕上がるようになっている。

普通、デンプン[*4]を含む食品は、冷凍すると、解凍後、ザラザラした口当たりになりやすい。ところが雪白は、冷凍すると、かえって身がしまって、口当たりが良くなるという性質がある。ただし、生の雪白を煮ると、煮くずれて形がなくなり、ザラザラした汁だけが目立つ煮物になってしまう。雪白系のじゃが芋は、あくまでも油で揚げるか、冷凍などの過程を経る必要がある品種である。

一方、メークインのような品種は、煮くずれしにくい肉質をもっているので煮る調理に向いている。だが、油で揚げて冷凍すると、ザテザラした口当たりになってしまう。

ひと昔前の冷凍ポテトの口当たりがあまり良くなかったのは、じゃが芋がもともと冷凍に向かないデンプン主体の食品である上に、さらに冷凍に合わない品種を使っていたからである。

だが、デンプン性の食品は、冷凍の際、油を使用していると、そのままのものよりも、デンプンに変化が少なく、良い状態に保つことができる。雪白は、この性質を生かすよう改良した品種といえるだろう。

このように利用目的がはっきり定められた品種の場合は、他の用途に使用

＊2 雪白（ユキジロ）
冷凍フライ加工用として作りだされたもの。ケネベックと農林二号の交配種である。形は卵形で男爵より大きく、目は浅く数が少ない。やや晩生種。皮は黄白色、肉色は白色。肉質はやや粉質である。デンプンの含有量が多く味にコクが足りない傾向がある。加工は主としてフレンチフライの冷凍品、ペースト状につぶして殺菌してレトルト包装したものなどに利用される。ペースト状のものはサラダなどに使われる。揚げた場合の色と味が良いのが特徴である。

＊3 じゃが芋の保存
4～5度の温度で、湿度90～95％、暗いこと、などが基本的な保存条件。台所の隅のような風通しの良い冷暗所に貯蔵するとよい。リンゴと一緒に保存するとリンゴから発するエチレンによって発芽を抑制することができる。

することは難しい。そこで、目的別にじゃが芋を選ばなければならないことになる。じゃが芋には他にもワセシロ、紅丸など品種[*5]が多く、それぞれ性質が違うので、作る料理に応じたものを選ばないと、目的の味を得られないこともある。どの料理にはどのじゃが芋が適しているかをきちんと知って使い分けることが大切である。

じゃが芋の嗜好が今後ますます伸びる理由

じゃが芋に対しての嗜好は、これからもますます伸びそうである。理由としては、第一にダイエット志向が強くなっていることがあげられる。エネルギーの摂取過多が問題になっている昨今、エネルギー量が低くて、ビタミンCの豊富なじゃが芋[*6]は、格好のダイエット食品である。例えば、同じ量の米飯と比べると、じゃが芋のエネルギーは約半分しかない。つまり、かなりしっかりと食べたつもりでも、実際には、エネルギーはそれほど多く摂(と)っていないということだ。しかし、いくらエネルギーが低いといっても、多量の油を使って調理したのでは問題外である。フライドポテトをたくさん食べたのでは、ダイエットにはならないが、油の量を適度に抑えたじゃが芋料理であれば、ダイエット志向には適(かな)っているといえよう。

じゃが芋の味には、強い嗜好性がある

じゃが芋の嗜好が伸びる第二の理由に、じゃが芋の味の魅力があげられ

＊4　じゃが芋のデンプン質
加工用のじゃが芋の条件は高デンプン質、低糖度。しかし低温貯蔵されると収穫時のデンプン質が糖分に還元される。糖分が増すと加熱加工（油で揚げるなど）の際、カラメル化が起こり焦げやすくなる。

＊5　じゃが芋の品種
世界には数百品種あるとされるが、日本で野菜として収穫されるじゃが芋の9割以上を「男爵」と「メークイン」の二大品種で占める。「男爵」は川田男爵によってアメリカから明治時代に取り寄せられた品種。一方のメークインは大正時代にイギリスから導入されたらしい。この他に「キタアカリ」「デジマ」、加工用の「トヨシロ」「ホッカイコガネ」「ワセシロ」「農林一号」「雪白」などがある。

る。じゃが芋には独特の甘味とうま味があるからだ。世界中にじゃが芋が広がった理由のひとつは味の良さではないかと思われる。

じゃが芋は[*7]、原産地の中南米では重要な食品として長い歴史をもっている。15世紀にスペインがメキシコを征服し、産物のじゃが芋をヨーロッパにもって帰った。はじめの頃には、ナス科の植物であるじゃが芋は、毒物を含むのではないかという危惧(きぐ)から、なかなか食用として普及しなかったが、いったん食用されるようになると、爆発的に普及して、世界中に拡がったのである。

ヨーロッパやその周辺には存在しない食品であったじゃが芋だが、今ではヨーロッパだけでなく世界中に広がっている。じゃが芋は寒さに強く、栽培しやすい植物であることは確かだが、その点を差し引いても、いかにじゃが芋の味が魅力的であるかが推定できる。どのような食品でも、味が受け入れられない場合は普及しないからだ。それが広い範囲に普及したのだから、じゃが芋という食品を味が良いと考える人が多いということ以外は考えにくい。

このことは、じゃが芋がいかに優れた味と嗜好性をもっているかの証明になる。言い換えれば、このような優れた特性をもつ食品を料理に利用しない手はないということだ。

じゃが芋は、多彩な使いこなしが可能

じゃが芋は、工夫さえすれば、かなり幅広い料理に利用することができ

＊6　じゃが芋の栄養価
じゃが芋の主成分はデンプンだがエネルギーは低く、100g当たり76キロカロリーである。タンパク質や脂質は少ない。ビタミンCは100g中35ミリグラムと多く、安定性も比較的高い。約5度の低温で貯蔵すれば80％が残る。またカリウムも多く、塩の摂り過ぎなどに効果がある。

＊7　じゃが芋
トマトと同じナス科の植物。原産は南米のアンデス山地。じゃが芋の名は江戸時代にジャガタラ（現在のジャカルタ）港から持ちこまれてジャガタライモと呼ばれたことに由来する。また、馬につける鈴に似ていたことから馬鈴薯（ばれいしょ）とも呼ぶが、日本では明治時代に優良品種が輸入されてから、本格的に普及しはじめる。主産地は北海道だが、長崎、鹿児島も多い。貯蔵できるので一年中出回る。

る。じゃが芋の調理上の有利性は〝二重調理〟が可能なことである。茹でたり、蒸したり、揚げたりした後、さらにそれをつぶしたり、焼いたりして、加工することができる。例えば、じゃが芋を茹でて、つぶして、マッシュポテトを作り、それを絞り出してきれいに飾り、その後オーブンで焼く……といったことも可能なのである。昔はオムレツの中身は、じゃが芋とひき肉、玉ネギであったし、コロッケといえば、ポテトコロッケが一般的だった。その後少々ハイカラになって、ポテトサラダにも人気が集まり、今でも、よく食べられている。サンドイッチもポテトサラダをはさんだものは、パンとの相性が良くボリュームがあるので人気がある。また、少々変わったものには、〝ヴィシソワーズ〟というポテトスープがある。裏漉ししたじゃが芋をスープにして、冷たく冷やして供するものである。

このように、じゃが芋はコロッケやフライドポテトのように熱い料理からサラダやヴィシソワーズのように冷たい料理にまで、温度の点でも幅広く利用できる便利な食材である。以上のように、じゃが芋は、じつに多彩な使いこなしが可能な、魅力あふれる素材である。

ただし、じゃが芋には種類が多い。種類によって口当たりも変わるし、また、油になじみやすいものと、そうでないもの、かたさや砕けやすさなどにも差異が出てくる。だから料理ごとにじゃが芋の種類を使いわけることが非常に大切なのである。もし使い方を誤ると、せっかく人気のじゃが芋料理でも、満足を与える味が得られない場合があることを心しておくべきだ。

幅広い調理に合う〈キャベツ〉の上手な活用法

キャベツの魅力はテクスチャーにある

キャベツ[*1]は、幅広い料理に活用できる便利な野菜のひとつである。キャベツが多くの人に魅力的と感じられているのは、特有の口当たりと、甘味、風味にあるようだ。

料理の味わいの中で、大きな位置を占める要素のひとつに口当たりがあるが、これは、材料の〝テクスチャー〟に負うところが大きい。

テクスチャーとは、弾力、滑（なめ）らかさ、砕けやすさ、切断時の抵抗（破断時の物理的性状）、粘性、かたさなど各種のものが、歯や口腔内の粘膜に与える刺激を総合して表現されるものである。テクスチャーは、食べ物のおいしさに対して、非常に大きな影響をもっているのだ。

テクスチャーは、ギリシア語で〝織り成す〟という意味をもっている。布の織り方によって肌合いや風合いが大きく左右されるように、食材の口当た

●甘藍（カンラン）［キャベツ］／アブラナ科
Bracssica oleracea L.
var. *capitata* L.

りもこれとあい通じるものがある。

キャベツの場合を考えてみると、切り方によって、テクスチャーに大きな差が出るのは、誰もが経験していることであろう。

例えば、串揚げに添えられる大きめの色紙切りのキャベツと、トンカツに添えられるせん切りのキャベツとでは、同じ生のキャベツなのに、味や感触がまったく違って感じられる。同じせん切りのキャベツでも、細さの度合いによっても感触が異なってくる。キャベツはごく細く切ればかたい感じが強いが、太めに切ればしなやかな感じとなる。

このように、キャベツは切り方によってテクスチャーに差が出るので、料理によって意識的に使い分けをすれば、それぞれ特有のおいしさを味わってもらうことができる。その結果、まったく同じ料理であっても、添え物のキャベツの切り方ひとつで、一皿の味の印象が異なることになるし、そこが調理人の腕の発揮できる場でもある。

〝テクスチャー〟は鮮度に左右される

テクスチャーは、野菜の場合、鮮度との関係が非常に深い。鮮度の良いものほど、テクスチャーが味覚へ与える影響は良くなるが、これは野菜の繊維の破断性と大きく関わっている。

キャベツをはじめ、野菜類の破断性は、弾力が少ない方が良い状態になる。つまり、組織がもろい状態の方が破断性が良いということである。この

＊1 キャベツ
南ヨーロッパ原産の植物で、野生種は結球しない。古代ギリシア・ローマでは結球しないものを食用としていた。日本へはオランダ人によって18世紀に伝わったので〝オランダナ〟と呼んでいた。当時はもっぱら観賞用だったらしい。食用として全国に広まるのは明治以降のこと。

ような状態だと、キャベツの歯触りが良いと感じられる。

野菜の破断性が良い状態であるためには〝新鮮〟という条件が必要とされる。新鮮なキャベツの細胞の中は、いっぱいの水分がはちきれんばかりに含まれている状態で、少しの衝撃で破断される。これが、さっくりとした歯触りになるのだ。ところが、どんなに新鮮なキャベツでもこれだけでは破断性が良くはならない。〝冷却〟という条件も必要とされるのだ。

キャベツの温度が高いと、細胞は伸びた状態になる。その結果、細胞の中の水分は、はちきれる状態ではなくなり、細胞内には余裕がある感じとなる。このような場合、噛(か)むという衝撃が加わっても、ただちに破断されるのではなく、かなりの力がかからないと、細胞は破壊されない。口当たりとしては、さっくりとせず、しんなりした状態になる。これではテクスチャーが良いとは感じられない。

テクスチャーの良いキャベツであるためには、キャベツが新鮮であると同時に、温度が低いということが必要なのである。

切ったキャベツを冷水に浸してパリッとさせるが、これも調理科学的にみて意味があるわけだ。その場合、ただの水よりは、氷水のようにキャベツがよく冷やされる方が良い。これは、短冊に切った時も、せん切りにした場合も同じであるが、とくに、せん切りの場合は味覚に影響するところが大きいので、より鮮度と冷たさが要求される。

キャベツの味の特徴は甘味にある

キャベツの味の魅力は〝甘味〟にあるが、この甘味はブドウ糖と含硫化合物によるものである。

ブドウ糖は、キャベツにかなり多く含まれているが、収穫した後、時間とともに急速に減少していく。それは、収穫した後でもキャベツが生きていて、呼吸作用を行なうからで、その時にブドウ糖が消費されるのだ。呼吸作用では、ブドウ糖が分解し、二酸化炭素と水になるが、この時のエネルギーが、キャベツの生命を維持している。したがって、呼吸作用が長く行なわれるほど、キャベツの中のブドウ糖は減少していき、甘味も減っていくことになる。キャベツが新鮮なほど味が良いのは、含まれているブドウ糖が多いからである。

保存中にブドウ糖が減少することは避けられないのだが、できるだけ減少を少なくしようとすれば、温度を低く保つことが必要である。と同時に、呼吸作用を抑えるようにすれば、ブドウ糖の消費が少なくてすむ。

そこで、保存の際は、低温であり、しかも酸素の少ない環境に置くことが大切である。

キャベツの生産地[*2]での保存は、これらの条件を満たすために、温度コントロールで低温状態を保ち、酸素の少ない空気を倉庫に入れて管理している。これを、CA[*3]貯蔵と呼んでいる。

＊2 キャベツの産地
品種改良によって周年の栽培が可能になり、一年中出回っているが、産地はそれぞれ違う。晩春から初春にかけての春キャベツ（新キャベツ）は千葉、神奈川、愛知県が主。夏から秋にかけての夏キャベツ（高原キャベツ）は群馬、長野県が主産地。冬には愛知、千葉、神奈川県など比較的暖かい地方で冬キャベツが栽培されている。

＊3 CA貯蔵
「CA」とはcontrolled atmosphereの略。生鮮野菜や果物類の呼吸作用をコントロールするために、大気とは異なる組成のガス中で貯蔵する方法のこと。

消費者の手に渡ってからも同じような条件下に置けば、鮮度を保つことができるわけだ。

低温状態に置くためには、冷蔵庫に入れると良い。その際ポリ袋に入れると良いが、ポリ袋を完全に密閉したのでは、呼吸がまったくできなくなり、窒息して腐敗してしまうので、ぽつぽつと穴を開けるようにすると良い。

しかし、長い間貯蔵されたキャベツを使うよりは、新鮮[*4]なものを求めるようにする方が、味がより良いことはいうまでもない。

加熱すると甘味が増すのはなぜか?

キャベツは生のままでもブドウ糖による甘味はかなり強いが、加熱することでさらに強い甘味が生じる。これはキャベツに含まれる含硫化合物によるものである。

含硫化合物は、キャベツ[*5]特有のにおいの成分であり、生のときに少し感じる辛味の成分でもある。

この含硫化合物は、加熱することで甘味の強い物質に変化するためキャベツが甘くなるのである。

キャベツをはじめとするアブラナ[*6]科の野菜には、イオウを含んだ辛味のある物質があり、これらは、加熱により強い甘味に変化する性質をもっている。大根を加熱すると甘味が生じるが、これも同じ系統の物質によるものである。

＊4 キャベツの選び方
巻きがかたくて重みがあり、外葉が緑色のものが新鮮。一年中出回っているが、一月～五月上旬ころに出回る春キャベツは葉がやわらかく、甘味があるので生食に向く。冬場のものは葉肉がかたいものが多いので煮込みに向く。

＊5 加熱時のキャベツのにおい
キャベツを煮ると特有のイオウ臭が漂うことがある。このにおいの正体はイオウの化合物である。酢を少量加えると、この化合物を分解する酵素の働きがとまるので、においを感じない。

キャベツは幅広く使いこなせる野菜

キャベツが世界中で料理に広く使われている理由としては、加熱による味の魅力と、生の状態での歯切れの良いテクスチャーの魅力といったものがあげられる。

キャベツは油との相性も良いから、炒め物にしてもおいしいし、茹でてからマヨネーズで和えることもできる。また、茹でた後、ドレッシングで和えてサラダや、ホットドッグの具にすることも良い。脂肪の多いベーコンのようなものと炒めても相性が良い。

さらに、酢との相性が良いから、酢漬けにしても良く、カレーライスの添え物などに良いピクルスとなる。

キャベツが酸味と合うということは、キャベツを塩漬けにして乳酸発酵させたサワークラウトにもいえる。サワークラウトは、ドイツをはじめ、ヨーロッパで用いられる漬け物のひとつであるが、かなり強い乳酸の酸味をもっている。このサワークラウトの酸味も、油と合うから、ソーセージのように脂肪の多い肉の加工品などと、ともに炒めるなどすれば、風味の良い料理ができる。

キャベツ[*7]は、生のままで食べてもおいしいし、加熱しても味が良く、しかも和風、洋風、中国風と幅広い料理に合う食材なので、工夫次第で応用が広がることは間違いない。

＊6 アブラナ科の野菜
アブラナ科のうち、キャベツの仲間としては、花蕾を食べるカリフラワーやブロッコリー、茎の下部が肥大するコールラビ等がある。いずれも野生型のキャベツから改良されたものである。その他のアブラナ科の野菜では、大根、カラシナ、カブ、白菜、タカナ等が代表的。

＊7 キャベツの使い分け
冬のキャベツは葉がかたく、煮込み料理にしても煮くずれしにくい。また、せん切りにするとボリュームが出る。春キャベツはやわらかいのでそのままサラダにしたり、一夜漬けに向く。

〈玉ネギ〉の不思議な魅力と上手な生かし方

玉ネギは古来から重用されてきた食品

玉ネギは世界中で料理に使われている食材である。日本には江戸時代に伝わったが、現在では洋風料理や中華風の料理だけでなく、和風の料理にも欠かせなくなっている。

玉ネギの魅力とはいったいどういうものなのだろう。また、玉ネギを使うと、不思議に料理の味が良くなるがなぜなのか。この不思議な魅力をもつ玉ネギについて考えてみよう。

まず、玉ネギの魅力を考える前に、玉ネギがどのような歴史をもっていたかをみてみよう。なぜなら玉ネギは古代から非常に優れた食品として使われてきており、そこには何らかの理由があると考えられるからだ。

玉ネギ[*1]の原産地は中央アジアと推定されており、紀元前数千年ごろ、すでにペルシア（イラン）で作物として栽培されていたことが確認されている。

●玉葱［タマネギ］／ユリ科
Allium cepa L.

イラン、インドの織り物である更紗(さらさ)の美しい色は、玉ネギの薄皮から取り出した色素を使ってつけられていた。また、古代のローマ人は、玉ネギを「大きな真珠」[*2]と呼んでいたが、その原語が英語の「オニオン」になったというのも、古い時代から愛されてきた食品であることを裏付けている。エジプトでは、玉ネギは神聖な食品とされ、神への供え物とされていた。また、奴隷として扱っていた労働者の精力剤としての役目も果たしていたようで、『旧約聖書』にもそれに関する記述がある。

玉ネギの種類と味

玉ネギ[*3]は、味の上では甘玉ネギと辛玉ネギとに大別される。色から分けると、黄色種、紅色種、白色種がある。一般に各種の料理に使用されるのは黄色種で、辛玉ネギに属するものである。紅色種と白色種は甘味種である。とくに紅色種は生食して甘味があるだけでなく、色がきれいなので、サラダや料理の添え物としてもよく使われている。紅色種の色素はアントシアン[*4]系のもので、酸できれいな紅色になるから、サラダなどのような酸味のある料理に用いると華やかにみせてくれる利点がある。

さて、玉ネギが非常に幅広く普及し使われている理由であるが、これは玉ネギに含まれる独特のイオウを含む化合物による。これが玉ネギに特有の風味を与え、料理に良い味をつけるという効用をもたらしている。また、特有の甘味をもつ点も多用される理由としてあげられる。

＊1 玉ネギ
中央アジア原産。ユリ科の多年草。世界各地で栽培されている。ベーシックな野菜のひとつで、西洋では肉の消臭やスープストックに使う。玉ネギの産地として有名なのがフランスのリヨン。料理名で〝リヨネーズ（リヨン風）〟とつくものは玉ネギを使った料理。日本への伝来は江戸時代。明治時代に入ってから本格的に導入された。北海道が主産地。

＊2 大きな真珠
ラテン語でunio（ウーニオー）という。この単語は、大きな真珠、玉ネギの他、「一個」「単一」「結合」などの意味をもっている。

＊3 玉ネギの種類
味の上から辛味の少ない甘玉ネギと辛味の強い辛玉ネギに大別される。茶色の薄皮の玉ネギ、赤紫色のレッドオニオン、皮が白い品種など、色、大きさ、形は多様。3月〜4月に出回る新玉ネギは辛味が少なく生で食べるとおいしいが、水分が多いため腐りやすいので早めに使いきる必要がある。

玉ネギを料理に使う場合にはテクスチャー（食感）が大きなポイントとなる。みじん切りにするのか、薄切りにするのかで口当たりが変わり料理の味に大きな影響を与える。だから、玉ネギを調理するときは、切り方に注意が必要である。切り方がその用途に合ったものでないと、せっかくの玉ネギが料理の味に生かされないことになる。例えば、みじん切りにする場合には、どのくらいの細かさにするか、薄切りの場合もどれくらいの厚さにするかということが大切なポイントになるわけだ。

玉ネギに含まれる甘味成分は何か？

玉ネギを加熱すると甘味が強く出てくる。そして料理が自然の甘味をもち、味が良くなるというのは、経験的に知られているところである。

玉ネギの甘味成分については、辛味成分が加熱によって甘味になるという説が最近まで定説となっていた。そしてその甘味はプロピルメルカプタンという含硫化合物[*5]ではないかという説もあったが現在は否定されている。近年、分析機器が進歩し、微量の成分の分析が可能になったからで、過去の説が否定される例も多くなってきているようである。

では、どのような成分が玉ネギの甘味なのかというと、糖類、とくにブドウ糖などが考えられる。

オニオングラタンスープを作るとき、玉ネギを色がつくほどこんがりと炒めると褐色になる。このときできるのは、カラメルである。カラメルは香ば

＊4 アントシアン系の色素
植物に含まれている赤や紫などの色素で、酢などの酸に合うと、きれいな赤い色に変わる。新生姜を酢につけておくときれいな赤色になるが生姜にはアントシアン色素が含まれているためである。また、梅干しがシソで赤くなるのは、赤シソの葉に含まれるシソニンというアントシアン系の色素が梅酢で酸性になり赤く変色したためである。イチゴやナス、紫キャベツ、ビーツなども同様の色素を含んでいる。

＊5 イオウを含む化合物
玉ネギの辛味や刺激臭は含硫化合物によるもので、玉ネギを切る、あるいはおろしたりして空気に触れることで生じる。玉ネギを切ると涙が出るのも含硫化合物の刺激のためではあるが、辛味や臭いとは別の物質による。

しい風味をもち、料理においしさをプラスしてくれる。このカラメルは糖類から作られる。したがって、糖類が玉ネギの甘味の主体であることは否定できない。さらに熱を加えることで辛味が消え水分も減るので甘味が強調されるのかもしれない。

中国料理では玉ネギを大きく切ることが多い

ここで料理別に玉ネギの使い方をみてみよう。まず中国料理だが、かなり大きく切る傾向がある。煮込む場合も炒める場合も大体同じである。これは、火の通りを完全にしないで、生に近い状態で、サクサクとした口当たりと、玉ネギの辛味と独特の香りを生かすためであろう。

こうした状態に仕上げるには、強火で短時間の調理が必要となってくるから、中国料理のように強火で一気に炒め上げる手法がピッタリだといえよう。ただし、中国料理でも、エビや魚などのすり身に玉ネギを加える時は、当然細かく切る。そうでないと、口当たりがなめらかでないし、エビや魚をすりつぶした意味が弱くなる。

細かく切る洋風料理

洋風料理では玉ネギを細かく切る傾向が強いが、これは主材料に肉類を多く使うからであろう。玉ネギは肉類のにおいを消して風味を良くする。さらに*6甘味を加えて、味をより良くするという効果を狙うには細かく切るほうが

＊6　玉ネギの甘味
玉ネギの甘味を引き出すには、切ってから十分に加熱すると良い。シチューやカレーに加える場合も、そのまま水に入れて煮込むより、フライパンで炒めてから煮込むようにすると甘味が強くなる。

良いからだ。

　甘味には、味やにおいをわからなくする効果がある。だから玉ネギを用いれば、消臭効果がより高まることになる。肉類のにおいの不快感を甘味によってもカバーすることができるという利点があるからと思われる。

　甘味といっても、砂糖のような甘味はあまり良くない。砂糖だと、さも甘味をつけましたという不自然な感じに料理が仕上がってしまう。しかし、玉ネギのような自然のソフトな甘味は料理の中にうまく溶け込んでくれる。これが玉ネギを使う理由のひとつではないだろうか。

　ハンバーグステーキやミートボールから、もし玉ネギを抜いたらどのような味になるかを想像すればわかる。戦前から子供に人気のあったチキンライスなども同様で、もし玉ネギがなかったら、受け入れられる料理ではなかったかもしれない。チキン（鶏肉）のにおいに玉ネギの香りと甘味は有効なものであったと考えられる。カレーライスもそれに似ている料理である。これも、子供に人気があるが、やはり玉ネギの魅力が大きく関係している。カレーの辛い味をカバーしてくれるのは、何といっても玉ネギの甘味である。

　洋風の料理の場合、先に述べたように玉ネギを細かく切ることが[*7]多いが、どのくらいの細かさに切るかということも大切である。と同時に、細かく切った玉ネギを生のまま使うのか、それとも炒めてから使うのかという点もポイントである。

　ハンバーグステーキを例にとると、玉ネギがどの程度の細かさであるか、

＊7　涙が出ない玉ネギの切り方
涙なしに玉ネギを切るのは難しい。しかし効果的な方法はある。涙の原因となる刺激成分をできるだけ空気中に出さないようにすることだ。方法としては、よく切れる包丁で、切り口の細胞をつぶさず切る。切る前に切り口を冷水につけるか、玉ネギ自体をよく冷やしておくなどだ。こうすると刺激成分の蒸発が抑制され、涙が出るのを防ぐことができる。特に気温が高い夏にはこの方法が効果的。

そしてあらかじめ炒めて甘味を出したものを肉に合わせるのか、それとも生のまま肉と混ぜて焼き、後から甘味を出すかで、料理の味や口当たりが大きく異なってくる。玉ネギの切り方という微妙なところで、料理の味がかなり変わってくるから、いろいろと工夫することが必要だ。

和風の料理ではスライスが主流

和風料理では、オニオンスライス[*8]にしたり、カツオのタタキに添えたり、味噌汁に入れたりと、スライス型が多い。〝肉じゃが〟に使う場合、くし型に切ることが多いが、これもスライス型と考えてさしつかえないだろう。日本式のカレーでもシチューでも、やはり玉ネギの切り方はスライス型である。生のままで食べる場合も加熱する場合もスライス型が主流だが、これは料理の風習というか、味の問題かもしれない。どうやら日本では、形のある玉ネギの形態が喜ばれるようだ。

こうして和、洋、中の料理を比較してみると、玉ネギという食品は、国や地域で、取り合わせる食材、調理のシステム、さらには嗜好の影響を受けながら、それぞれの切り方がなされているようである。

ともかく、玉ネギの場合、テクスチャーが料理の味に大きな影響を与えているのだから、その切り方に工夫を凝らすことで、料理の特色を支配し、魅力を増すことが可能な食材といえよう。

＊8　辛味のとり方
オニオンスライスを作るとき、切った玉ネギを水にさらすと辛味が和らぎ食べやすくなる。これは玉ネギの辛味成分が水に溶けやすい性質を持つためである。

ニンニク

代表的な香辛野菜。生には特有の強いにおいがある。肉料理のにおい消しとともに各種の料理の風味付けに大きな効果がある。洋風料理をはじめ、中国や韓国料理、カレーなどに欠かせない。和食ではニンニクの利用が少ないが、カツオのたたきには欠かせない薬味である。におい成分には多くの生理作用があり、民間療法や中国の漢方だけでなく西洋でも古くから薬用にされてきた。においの少ない品種、鱗片に分かれていないボール状などの品種もある。若い茎と葉は葉ニンニクといい、ネギのように用いる。また、花の茎は茎ニンニク（ニンニクの芽ともいう）として炒め物に利用される。いずれもニンニク臭がおだやかである。

ニンニクの加工品には、パウダー、顆粒、スライス状でローストしたものなどが商品化されている。

におい成分と調理

ニンニクの大きな特徴はニンニク臭と呼ばれる強烈なにおい成分を含むことである。このにおいの原因物質は細胞中に含まれるアリインが、つぶす、すりおろすなどによって酵素の作用を受け、においをもつアリシンに変化することによる。肉料理のにおい消しなどにはこの強いにおいが効果的である。においを十分に引き出すにはニンニクを生で用いること、アリシンに変化させる酵素を十分に作用させるために、きざむ、すりおろすなどして細胞をよくつぶし、酵素が空気に触れるようにすることである。

生ニンニクのにおいは大変強く、好みに個人差が大きい。また、料理によって適、不適があるので使用法やにおいの強さを加減することが重要である。サラダボールの内側をニンニクの切り口でこすると、それだけでもサラダにニンニクの香りを少量移すといったことができる。このような使い方だとニンニクが苦手という人にも抵抗がない。

ニンニクは加熱すると生の強いにおいから香ばしい良い香りに変化する。この香りを利用すると、料理にコクやうまみ、深みのある風味が得られる。きざんだニンニクを油と共に加熱して油にニンニクの香りを移し、その香りで料理の風味付けをしたり、蒸したニンニクをすりつぶして保存し、たれや料理の味を調えるなどの使用法がある。

生のニンニクを醤油漬けや味噌漬けにして保存したものは、漬け床の醤油や味噌をニンニク風味の調味料としてたれやソース、料理の風味の仕上げに用いることができる。また、漬けたニンニクはニンニクそのものをつまみとして食べたり、きざんだものは薬味に重宝する。

生理作用

におい成分のアリシンがビタミンB1と結合すると、吸収率が高くて効果が持続するB1に変化する。においがよく出るようにニンニクをすりつぶして肉や魚に用いると、食材中のB1の栄養効果を高めることができる。ニンニクが疲労回復やスタミナの強化に用いられ、強壮や風邪にもよい理由の一つはB1の効果によるものである。

におい成分のアリシンだけでなく、その他の含硫化合物にも抗ガン作用や抗菌作用、抗血栓作用などの生理作用が認められている。まるごと焼いたりして加熱したニンニクにも各種の生理作用があるのはそのためである。多くの実験で昔からのニンニクの薬用効果が科学的に証明されつつある。

〈キノコ〉の味と香りは料理の味を引き立てる

食材として魅力の大きい〝キノコ〟

食用キノコの数は数千ともいわれ、どれくらいあるか想像もつかないほど多い。そうしたキノコを上手に利用すれば料理が拡がることは間違いない。キノコはもともとは〝木の子〟と表わすが、これは森林など木の多いところにできるからである。

また、椎茸・松茸のように〝タケ〟と呼ぶものが多いのは、生長が非常に早く、たけだけしいところからついたものといわれる。

料理の幅を拡げる上で、キノコが利用しやすいのは、種類が豊富で、しかもその多くが人工栽培され、一年中入手しやすいことによる。

日本で栽培されているものは、椎茸、シメジ、ナメコ、エノキタケ、マッシュルームなどが主で、最近では、栽培が難しいといわれた舞茸までも栽培に成功している。

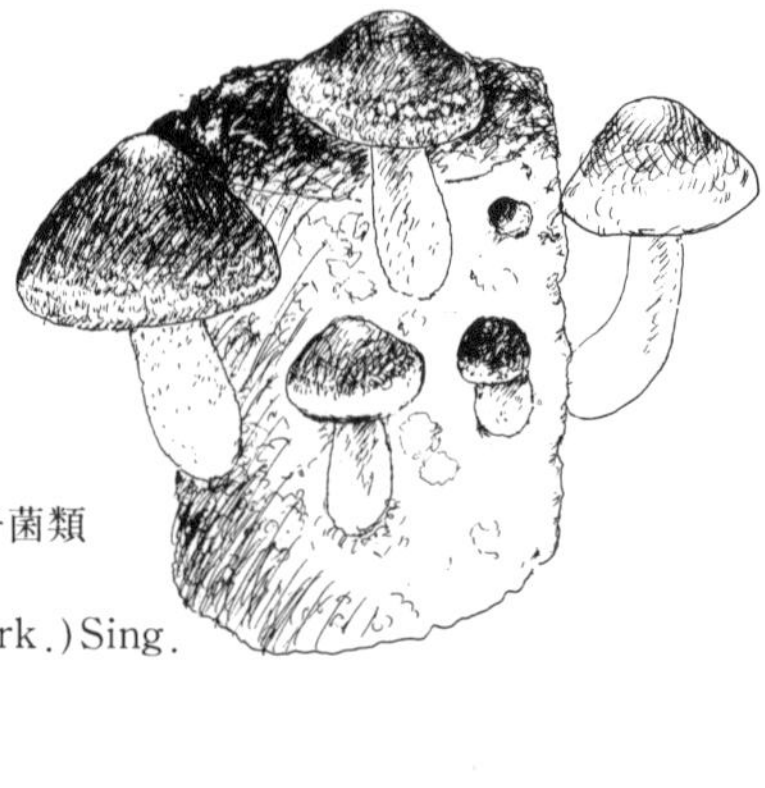

●椎茸［シイタケ］／担子菌類
マツタケ目シメジ科
Lentinus edodes (Berk.) Sing.

キノコ[*1]は今後も栽培により新しい品種が多く出てくるであろうし、輸入されるものも多くなってきている。

キノコは料理の味を引き立てる

キノコは〝うま味〟と〝香り[*2]〟、それに〝歯ざわり〟の良さといった特徴を兼ね備えている。これが料理を引き立たせる理由である。

キノコのうま味成分は「グアニル酸」が主で、肉や魚のうま味であるイノシン酸や、チーズ、昆布などのうま味成分であるグルタミン酸といっしょになると、味の相乗作用によって、うま味がグンと強くなる。

料理にキノコを少し加えるだけで、グアニル酸の働きで、おいしさが増すのである。ちなみにグルタミン酸9に対しグアニル酸が1の割合のときに、大きな味の相乗作用が期待できるようだ。

次に香りであるが、キノコのもつ香りは、微量であっても、料理全体の風味を引き立てる作用がある。これもキノコを料理に使うと良い結果が得られる理由である。キノコごとに香りの効果が異なるので、いろいろなキノコを使うと特徴のある風味が楽しめる。

そして、歯ざわりだが、これもキノコごとに異なるので、それぞれの特徴を活かした使い方を工夫したい。

キノコは、風味や歯ざわりが良いだけでなく、他にも人気となる要因がある。それは、キノコの〝ヘルシー性〟である。キノコは低エネルギー食とし

*1 キノコ
山の朽木や木の陰に自生する。日本には4000種あるといわれている。その内、食用になるのは椎茸やエノキタケなど200〜300程度。キノコは食用キノコ、毒キノコ、漢方薬などに使う薬用キノコに大別される。本来は山に自生しているが、市販されているキノコのほとんどが栽培もの。天然キノコは貴重になっている。

*2 キノコの香り成分
キノコのおいしさの重要な要素は香りである。特に際だっているものといえば松茸と椎茸。松茸の香り成分はケイ皮酸メチル、オクテノールなどでフレーバーとしてかまぼこや即席吸物にも添加されている。また、椎茸特有の香りはレンチオニンという物質による。これはごく微量でも料理の風味を増すことができる。

て知られるが、その他にもいろいろな効用がある。

キノコのヘルシー性は健康志向の時代に合う

椎茸を例にとると、血中のコレステロールを減らす物質や、抗癌物質[*3]が含まれていることがわかっている。こうした物質は椎茸に限らずキノコ全体に含まれているようだ。キノコといえば、健康的な食品といったイメージが多くの人にあるが、このように〝キノコは健康に良い、ヘルシーな食品である〟というイメージを利用することで、料理のイメージも高めることに通じるはずである。

キノコについての各種成分は、現在のところ、まだあまり解明されていない。それだけに、何かあるだろうという期待感がある。それは料理を心理的にもおいしく感じさせる大きな要素となるはずである。

キノコの特性を生かす調理のコツ

キノコを料理に使うとき、一般には、あまり火を通しすぎない方が良いようだ。加熱のしすぎは、歯ぎわりの良さを失わせる結果になりやすい。少しサクサクとしている方がキノコの魅力が生きる。だから加熱調理をする場合、キノコは仕上げに近い段階で加えると良い。

香りの場合も、歯ざわりと同様である。香りの成分は、熱で蒸発しやすい。そのため、長く加熱していると、香りが抜けてしまい、料理の風味が落

＊3 抗癌物質
椎茸からは、レンチナンという抗癌剤が取り出され、免疫性抗癌剤として、癌の治療に実際に使用されている。

ちてしまいがちだ。

キノコの歯ざわりや香りを生かしたい料理のときには、調理の仕上げ段階で加えると良い。

一方、キノコの味は、加熱時間とはあまり関係がないが、やや長めに加熱する方が、かえって他の味成分と結合して、良い味に仕上がることが多い。このようにキノコの味自体を料理に活かしたい場合は、十分に煮るとか、焼くなどの加熱も問題はない。

例えば、瓶詰や缶詰で輸入されている袋茸は、加熱殺菌されているので、香りは少なくなっているが、味は良い。このようなものは、料理の味の向上に利用できる。

マッシュルーム[*4]を煮込み料理に利用するのも、この例と似ている。マッシュルームは、こういったときに、香りよりも味をより良くするために使用すると考えた方が良いだろう。

キノコを料理に利用するときには、油はあまり多く使用しない方が良い風味の料理を楽しめる傾向がある。というのは、油は香り成分を包み込んでしまうからである。

キノコの中まで油が入ってしまうと、香り成分は蒸発してこなくなるので、せっかくのキノコの香りが楽しめないことになる。油を使用する料理にキノコを使うときは、加熱が終わりに近づいたときに加えるようにし、後はさっと火を通せば、風味の良い料理に仕上がるはずである。

＊4 マッシュルーム
椎茸、袋茸とともに世界三大キノコのひとつ。正式和名は「ツクリタケ」。18世紀にフランスで栽培がはじめられ、大正時代に日本に伝えられた。白、茶色のものがある。日本では白いものが主流。

キノコを料理に使うときに必ずしも形を見せる必要はない。キノコを細かく切ってその味や香りを他の材料に混ぜ込んで、両者のもつ風味を互いに引き立たせて、料理の味を良くすることもある。

例えば、テリーヌなどがそうだ。キノコをフードプロセッサーなどで細かく砕き、他の材料とともに合わせるという方法をとると、テリーヌの味を向上させることができる。

テリーヌの主材料として魚介類を使用する場合、そこに味の良いキノコを混ぜ合わせることで、魚介類のイノシン酸やコハク酸の味と、キノコのグアニル酸の味が相乗的に作用し合い、よりうま味のあるテリーヌに仕上がるわけだ。

キノコを使うときの注意点

キノコを料理に使用するときは、天然[*5]のものの方が断然風味は良い。しかし、天然のものを使う時は、よく知られているものに限ることだ。食用キノコによく似た毒キノコも多くあるからである。キノコの毒は神経を麻痺させるものがあり、幻覚を生じたり、昏睡状態になったりする。また、消化器毒もあり、このようなものにあたると、激しい胃腸障害を起こすこともあるから、細心の注意がいる。

天然のキノコに対して、栽培[*6]のものは、安全であることを確認してある。料理を提供する立場からすれば、料理の材料として使用するキノコは、栽培

＊5 天然と栽培の差
天然のキノコと栽培のものを比較してみた場合、香りや味に特に差のあるのはナメコである。東北地方の山の中では、倒木に一面にナメコが生えているのを見ることができる。こういうナメコを山で採ってきて、市場で売っている場合が多い。このようなものは、出所がはっきりしているから大丈夫であるが、シメジなどには、よく似た毒キノコもあるから、注意が必要である。

＊6 キノコ栽培
昔は山村地帯で原木に菌を植えつけて自然に近い形でキノコを作っていた。現在ではオガクズ、米ヌカ、水を合わせた培養ビンに植菌して短期間で大量に発生させる方法が主流。発生室は一定温度と湿度、無菌状態に保たれているので一年中発生させることができる。

したものの方が安心である。

ただし、どうしても栽培できないものもあるから、そのようなキノコは天然のものを使わざるを得ないが、高価すぎて、利用しにくい場合が多い。松茸[*7]やトリュフなどがその例である。

近年、バイオテクノロジーの技術が向上し、キノコの分野にも入ってきて、いろいろなキノコが栽培されている。こういった新しいキノコを使うのもおもしろいと思う。

また、今まではまれにしか生えていなかったキノコも栽培によって多量に供給できるようになった。ヤナギマツタケ[*8]がその例である。形は松茸とまったく似てないが、香りは松茸とよく似て強く、結構風味を楽しむことができる。

各地方を調べてみると、クリタケやハツタケなどのように味や香りが良くて、料理の材料に活用できるキノコを見つけることができる。このような地方色の強いキノコを、料理に使用すれば、個性の強い料理をつくることも可能である。

キノコに関してはまだまだ一般に知られていない種類が多いので、いろいろと探してみてはどうだろう。

＊7　松茸の栽培
松茸は非常に繊細な菌で微妙な自然環境を必要とする。まず菌が木（主にアカマツ）の根につきながら生長するので生きた木が必要とされる。さらに木の樹齢、土壌、微生物や小動物、気候など極めて微妙な自然条件のもとに発生する。栽培にはこれらの条件をすべて満たす環境をつくる技術がいるため、人工栽培の実現が難しいとされる。

＊8　ヤナギマツタケ
オキナタケ科のキノコ。天然のものは春から秋にかけて、ヤナギやカエデの根元や枯れ木に生える。シャキシャキした歯応えが特徴。栽培物もある。

食材としての〈豆〉の魅力

豆は料理材料として大きな魅力がある

現在、日本では、乾物の豆というと、調味料や加工品の原料として使われることが圧倒的に多い。料理としては、郷土料理や家庭での惣菜料理の煮豆など、ごく限られた利用法の枠内にとどまっている。

家庭においても、若い人の豆離れからか、昔ながらの煮豆などが、あまり作られなくなっているという。ましてや、飲食店のメニューに積極的に活用されることは少ないといえよう。

その一方で、エスニック料理の流行からか、今まで日本であまり使われていなかった外国の豆が、少しずつではあるがなじみのものになってきている。例えば、レンズ豆とか、ヒヨコ豆などがそれである。いずれも、歴史的には非常に古い豆であり、大切な食料として世界各地で長い間なじまれてきたものである。

●隠元豆［インゲンマメ］／マメ科
Phaseolus vulgaris L.

また、欧米を例にとっても、豆は料理の主要な材料として、サラダやスープ、ソースなどに幅広く使われている。

豆の魅力のひとつとして、保存性があり、価格が安定している点があげられる。生の野菜は、価格の変動が激しく、保存性もあまり良いとはいえない。さらに、時間の経過とともに、繊維がかたくなり、歯切れもしなしなとして感じが悪くなりやすい。だから、ヨーロッパ北部のように冬の長い地域や、野菜の生産地が限られている国で、保存性の高い豆類や缶詰の野菜などを利用する調理法が発達したのは当然のことといえよう。

最近は、外国[*1]の豆も入手しやすくなっているし、種類が多くなっている。豆は、うまく利用すれば、料理の素材として非常に魅力的なので積極的に利用したい。

日本での豆の利用法

日本では、豆は限定された範囲でしか利用されてこなかったが、これにはふたつの理由が考えられる。

ひとつは、日本で主に使われてきた豆は、大豆、小豆が主で、それにインゲン豆が加わる程度である。そして、それらの豆の利用法が、調味料や加工品などに限定されていたことがあげられる。

例えば、大豆は、煮豆などの料理にもするが、豆腐、納豆、味噌、醤油などの加工品や調味料としての利用が圧倒的に多い。これは、大豆[*2]がかたくて

*1 外国の豆のいろいろ
日本の豆は、大豆、小豆が主だが、最近では、外国の豆も多く輸入されている。写真で紹介の豆は、次の通り。
①スプリットグリーンピー…エンドウ豆を挽き割りにして皮を除いたもの。黄色もある。
②レンズ豆…別名レンティル。水につけずに、すぐに煮ることができる。
③ヒヨコ豆…別名ガルバンゾー。インド料理、メキシコ料理には不可欠。
④レッドキドニービーンズ…日本の金時豆に似たインゲン豆の一種。
⑤黒目豆…別名ブラックアイ。ササゲの一種で、茹で上がりが早い。

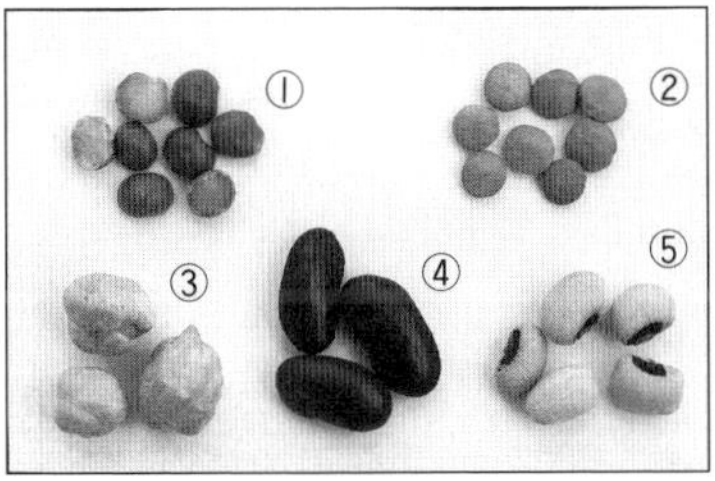

消化のあまり良くない食品であるため、加工し豆腐にすることで消化をしやすくしたという知恵があるのだが、欧米のように豆自体を煮て、サラダなどに使用するといった例はやはり少ない。

小豆やインゲン豆も、煮豆や小豆粥などに調理されるが、最も多いのはあんの材料として菓子に使われることであろう。

まして豆の汁物やソース類への利用となると、小豆のしるこ、大豆の豆乳の利用など、ごく限られたものである。欧米のように、広くスープやソースの材料に豆を使用することはない。

もうひとつの要因としては、日本には、野菜として生の状態で使われる豆類が豊富なことがあげられる。エンドウ、ソラ豆、サヤインゲンなど、豆というよりも、グリーンの野菜である。また、昔から日本では、豆以外にも、新鮮な野菜が手に入りやすかったので、欧米のように乾燥豆[*3]を積極的に料理に取り入れる必要性がなかったともいえる。

欧米での豆の使い方

欧米では豆をサラダ、ソース、スープ、ゼリー寄せ、煮込みとあらゆる料理に使う。ヒヨコ豆、レンズ豆、グリンピース、ソラ豆、インゲン豆などは、いずれも、そのデンプン質が味覚に与える感触が良いし、また、それぞれに、特徴のある良い味、つまりうま味をもっている。だから、料理に使ったときに、味を出すことができるのだ。

＊2 大豆
組織がかたいのでそのまま煮たり、炒ったりしても消化吸収率は60～68％にしかならない。しかし、味噌や納豆などに加工すると吸収率は向上する。豆腐の場台、消化吸収率は95％にまで上がる。

＊3 豆の起源
豆は大きく分けて、メソポタミア、アジア、インド、アフリカ、中南米の各地域を起源とするものがある。日本になじみのある大豆と小豆は中国を起源とする豆である。レンズ豆、ヒヨコ豆やインゲン豆のようにメソポタミアや中南米を起源とする豆は、長い歴史の中で〝豆文化〟と呼べるものを築いてきたので参考になるところが多い。

しかし、豆のもっている味はあまり強いものではない。そこで、ソースやスープに使用するときには、豆特有の味を生かし、他の調味料などの強い味で豆の味を消してしまわないように気をつける必要がある。

豆をスープやソースに利用するときのコツ

豆がいくら特有のうま味をもっているからといって、それだけではやはり味に不足がある。豆のうま味はグルタミン酸系の味であるから、これにイノシン酸系のうま味を加えると、味の相乗作用によって、おいしさが倍加される。

イノシン酸系のうま味というと、日本では、カツオ節が代表的だが、生の魚肉、畜肉にも含まれている。したがって、豆をスープやソースにする際に、ブイヨンなどのスープストックを使用すると、よりおいしさが増すことになる。また、豆の調理のもうひとつのポイントとしては、豆のつぶし方があげられる。スープもソースも、豆の舌触りが加わるわけだから、つぶし方の加減次第で味わいが変化する。そのため、つぶし方にも計算が必要となる。

例えば、レンズ豆のソースを作る場合は、半つぶし程度の方が味わいが良い。しかし、スープにするときは、裏漉しするとか、フードプロセッサーで細かい粒子にするなどして、かなり細かくつぶした方が舌触りが良くなるようだ。

ただし、ヒヨコ豆の場合、カレーソースにするときは、丸ごとの形の方が口当たりが楽しめるし、味もつぶすより良い。

グリンピース、ソラ豆、インゲン豆などは、裏漉しした方が舌触りが良いようだ。

豆ごとに、特性を生かすよう調理の手法をいろいろ工夫することが必要になってくる。

さらに、豆を料理に利用するときに共通して注意すべき点がひとつある。豆には、一種独特な青臭いにおいがあるということである。このにおいは、しっかり茹でることで消えてしまうので、よく火を通すことが大切だ。火通りの良くない状態だと、青臭みが残って、せっかくの豆のうま味が楽しめなくなる。

豆は丸ごとでサラダに利用することが望ましい

サラダに豆を使うときは、茹でて、丸ごと使うのが良い。茹でただけの状態で、他の野菜類とともにボールに盛り、ドレッシングをかければ、口当たりも良く、ドレッシングの味も良くなじむからだ。それに、サラダバーの形式だと、丸ごとの豆は華やかな彩りを見せてくれる。

とくに、インゲン豆は、模様がいろいろあり、これも華やかさをプラスする。レンズ豆もヒヨコ豆も、特有の色があるし、グリンピースは、鮮やかな緑で目を楽しませてくれ、食欲を促す効果がある。

また、サラダの場合、他の野菜類もあまり強い味ではないので、豆も茹でるだけの方が、野菜の味のじゃまをしないでよくなじみ、おいしくなるようだ。欧米のサラダでは、茹でた豆と一緒に、ビーツ、ヤングコーン、アスパラガス、カリフラワーなどの茹でた野菜がよく使われるが、これもそうした知恵といえよう。

豆は今後ますます重要性が高まる！

豆は、味が良いだけでなく、その経済性にも大きな魅力がある。初めにも少し触れたように、豆には保存性が高いという利点がある。生の野菜は価格の変動が激しく、また、現在のように、大都市に人口が集中する形態になると、当然だが、新鮮な野菜の輸送には時間がかかり、鮮度や味の面でも問題が出てくる。経済的に安定した豆には、野菜の代替品としての価値も出てくる。

また、現在では、エスニック料理の流行や、欧米の幅広い国の料理の中で豆の料理が紹介され、ヘルシー志向[*4]から、従来からの日本での豆の利用法も見直されている。

以上のことから、豆は今後ますます料理の素材として重要性が増してくると思われる。大豆、小豆といった従来の日本の豆に加えて、外国のいろいろな種類の豆が入手しやすくなっている今、豆を上手に使いこなしていくことが必要ではないだろうか。

＊4　豆類の魅力
豆類はそのヘルシー性でもっと活用したい食品である。食物繊維に富み、また、良質のタンパク源であることはもちろん、ビタミンB_1や、マグネシウムなどのミネラル補給にも良い。冷凍で保存できるグリンピースやそら豆も同様の価値がある。

調味食材として〈リンゴ〉を活用するポイント

リンゴの甘味〝果糖〟が料理によく合う理由

果物の中でリンゴは、料理に多用される素材のひとつである。リンゴが料理に幅広く利用されるのには、いくつかの理由があるが、まず第一に料理に〝甘味〟をつけることがあげられる。

料理には、いくらかの甘味が必要であるが、砂糖の甘味では、ほんのりとした自然の甘味にはなりにくい。そこで自然の甘味をつけるために、リンゴが用いられるのだ。

リンゴの他、玉ネギや人参なども甘味をつける働きのある材料だが、風味の点で幅広い料理に利用できるとなると、なんといってもリンゴが一番である。リンゴのもつ特有の甘味は、〝果糖〟[*1]によるものである。果糖は、その名の通り、果実の中に多く含まれている糖でブドウ糖よりも甘味は強いが、その味は穏やかで親しみやすいものだ。

●林檎［リンゴ］／バラ科
Malus pumila Mill. var. *domestica* Schneider

デンプンを原料にして果糖をブドウ糖よりも多くした〝異性化糖〟[*2]が、清涼飲料や、加工食品の甘味に利用されているが、これは親しみのある甘味が得られるからである。

リンゴには、果糖だけでなくブドウ糖も含まれているが、量的には果糖の方が多い。その他、他の諸成分なども関わりあうから、甘味は非常に複雑であるが、親しみのあるものとなる。

料理の味を左右するリンゴの酸味の役割

リンゴを料理に多用するもうひとつの要因は〝酸味〟である。

リンゴには、酸味の成分が何種類も含まれている。最も多いのはクエン酸で、この他にリンゴ酸など数種類があり、それぞれが酸味を出すとともに、お互いの酸味が作用しあって、深みのある、爽(さわ)やかな酸味を生み出しているのである。酸味は、料理に加わると、料理の味全体をおいしく感じさせる効果がある。これは、人間の味覚は、料理の酸度、すなわちpH（ペーハー）が、弱い酸性のときに味が良いと感じるからである。

リンゴに含まれているクエン酸をはじめとする各種の酸が、料理[*3]のpHを適度の酸性にし、その結果、料理の味にプラスに働いているのである。

例えば、肉類のほとんどは、いくらかアルカリ性である。そこで、そのまま使うよりは、それら肉類の料理に、リンゴの酸味を加えれば、仕上がりはやや酸性になり、味の良い料理と判断されるわけだ。

＊1　果糖
単糖類の一種。フルクトースと呼ばれる単糖類。砂糖の1.3～1.7倍の甘味がある。果実やハチミツに多く含まれている。工業的にはデンプンを糖化し、グルコースイソメラーゼという酵素を働かせて作られている。

＊2　異性化糖
ブドウ糖と果糖が混在する天然甘味料。異性化液糖ともいう。砂糖と同じくらいの甘さだが、低温や高濃度では砂糖より甘くなる。

＊3　pH（ペーハー）と味覚
一般に、人間の味覚は、酸性のものをおいしく、アルカリ性のものをまずく感じる。pH7が中性、それより小さければ酸性、それより大きければアルカリ性となる。普通、おいしいと感じるpHは4～6の間。6以上になると、次第においしさが感じられなくなり、7以上ではまずくなる。料理の隠し味に、食酢や醤油を加えるのは、これら調味料に含まれる酸が、pHを下げておいしさを増すためである。

このように、リンゴの活用次第で、料理のpHを変化させ、味の向上に役立てることができるのである。

酸味をつける場合のリンゴは、適当にカットしたものでも良いし、すりおろしたものでも効果は一緒である。また、いったん煮てから裏漉ししたものを使っても良い。どのような形態であっても、リンゴの酸味[*4]を料理に利用することは可能である。

リンゴの香りを上手に料理に生かすには？

リンゴには、特有の香りがある。この香りも、料理の味を良くする要素のひとつである。

料理は風味、つまり香りと味でその善し悪しが決まるので、料理にリンゴの風味を利用することは、非常に好都合である。

では、リンゴの香りはどういうものであろうか。リンゴの香りにも各種のものが混合しているが、共通しているのは〝エステル[*5]〟と呼ばれるものが主であることだ。エステルは、アルコールと酸とが化学反応してできるもので、非常に良い香りをもっている。アルコールにも酸にも、いろいろな種類があり、組み合わせも多くできるから、エステルの種類も多くできることになる。このような各種のエステルが、リンゴから料理に加われば、料理の風味自体も良くなるのは当然だろう。

香りは、それがはっきりと感知されない場合であっても、じつは味覚に大

＊4 リンゴの酸味
品種によって差があるが、リンゴ特有のさわやかな酸味は主にリンゴ酸によるもの。他にクエン酸、酒石酸なども含む。

＊5 エステル
様々な酸とアルコール（またはフェノール）が結合してできた化合物。果実の主な香気成分のひとつで香料としても用いられる。

＊6 リンゴ
バラ科。西アジアからヨーロッパ南東部が原産地。神話にも登場する古い果物で4000年も昔から栽培されていたという。日本へは中国を経て伝わったが、これは「地林檎」あるいは「和林檎」と呼ばれる直径3～5センチく

きな影響を与えるものである。つまり、料理には、〝隠し風味〟が必要であり、これをうまく利用できるかどうかで、料理の仕上がりに大きな違いが生じることになる。

リンゴの香りを〝隠し風味[*6]〟として添加するときには、加えるタイミングも大切なのでいろいろと試してみるとよい。そのタイミングを上手に見いだすことが、良い料理を作ることに通じるのである。

香りを生かすには、あらかじめ加熱したリンゴをソースのような状態で添加するのか、すりおろしたリンゴを加熱する際に添加するのかは、料理の種類や調理法、材料によって選択しなければならない。

また、リンゴの香りが生かされない材料もあるので注意が必要だ。肉類の料理を例にとると、豚肉には大変良くリンゴが合うが、羊肉になると、そのにおいにリンゴの方が負けてしまい、効果を発揮しない可能性が高い。

魚の場合、白身魚は良いが、アジ、サバ、サンマなどのように、脂肪分が多くしつこい感じのものは、リンゴの風味の方が負けてしまう。

リンゴの香りの働きには、このような相性があるから、組み合わせる材料と加えるタイミングをよく見極めることが大切である。

料理に合わせたリンゴの選び方

リンゴには、ペクチン[*7]が多く含まれている。ペクチンというのは、リンゴを煮たときに、トロリとする成分である。

らいの小粒のもの。今はほとんどみられない。現在のリンゴは明治時代に欧米から導入したものが主流。北海道や青森県、長野県など寒冷地が産地。

＊7 ペクチン
リンゴや柑橘類などの果実に含まれる物質で多糖類の一種。ペクチンは、糖と酸を適量混ぜ合わせて加熱するとゼリー化する。この性質は、ジャムやマーマレード、ゼリーなどに利用されている。

酸味の強いリンゴほどトロリとさせる力は強いが、これはペクチンには、酸があるとゼリー化力が強くなる性質があるからである。

ゼリー化力というのは、ゼリーを形成したときの弾力の強さをいい、一般に、弾力の強いものを〝ゼリー強度が高い〟という。

リンゴは、自然の酸を含んでいるから、ゼリー化力はもともとかなり強い方だが、酸味の強い紅玉[*8]などの品種の場合は、ゼリー化力はさらに強いといえる。

リンゴジャムやアップルパイなどを、透明感のあるコシの強いものに仕上げるには、ゼリー化力の強いリンゴ、つまり、紅玉のように酸味の強いリンゴを選び出すことも大事な作業のひとつである。

ところが、ここで困るのは、日本の場合、酸味の強いリンゴが敬遠され、こういった品種が減ってきているという点である。

日本では、リンゴが主として生食用に向けられているため、酸味の強いリンゴはあまり好まれない。そのため、こういった品種の栽培面積が減っているのである。

生食を目的としたリンゴは、酸味が少ないだけでなく、ペクチンも少なく、ゼリー化力はかなり弱いので、菓子づくりにはあまり適さない。

しかし、一般の料理にリンゴを使う場合には、とくに酸味だけにこだわる必要はない。

酸味と甘味[*9]のバランスで、そのリンゴのもつ性質を生かして料理に加える

＊8 紅玉
アメリカ原産。小ぶりで酸味、芳香が強く、爽やかな風味が特徴。明治時代に導入された。主要品種として生産量が多かったが、新品種が増えるにつれ生産量が減少。ペクチン、酸が多いのでジャムやアップルパイなどの加工用としての活用度も高い。

＊9 リンゴの甘味成分
リンゴに含まれる糖分は、品種によって多少の違いがあるが、およそ13％。そのうち、果糖が最も多く、ブドウ糖、ショ糖などが続く。

よう工夫することが大切である。

調理するときのリンゴの扱い方

リンゴを調理する際の扱い方は、いろいろある。皮は、菓子類を作るときには残しておくこともあるが、ほとんどの場合、むいてしまう方が良い。

リンゴをすりおろして使うときには、フードプロセッサーを使用するのが便利である。ミキサーでおろすと、空気を多量に入れ込むので、リンゴが早く褐色に変化しやすい。

リンゴが褐色[*10]になるのは、リンゴに含まれているタンニン系の物質が、空気中の酸素によって酸化するからである。この酸化作用には、リンゴに含まれている酸化酵素が働く。

もし、褐色にしたくない場合は、リンゴにレモン果汁や、ビタミンCの多く入った飲料を少量ふりかけておくと良い。

カットして使うときも、レモン果汁をふりかけておけば褐変せずにすむ。

リンゴは、おろしたものを煮るだけでなく、バターで炒めたりしても、ひと味違う風味が楽しめる。

リンゴの甘味、香り、酸味を上手に活かすことで、ひと味もふた味も違った料理を作ることが可能である。リンゴを調味食材として利用することで、料理の風味がより良くなるよう工夫してみてはいかがだろうか。

＊10 リンゴの色止め
皮をむくとすぐに褐変するが、これはリンゴに含まれるポリフェノールというタンニン系の物質とそれを酸化する酵素が原因。リンゴを切ると空気中の酸素に触れて酵素が活性化し、酸化されて褐変する。酸化を防ぐには、水や塩水につけるか、またはレモン汁をかけておくと、酵素の作用が妨害されて褐色にならない。リンゴジュースを作る場合も、少量の食塩、またはレモン汁を、ミキサーにかける前に加えておくと、褐変せず色のきれいなジュースができる。

風味を良くする〈ゴマ〉の魅力

ゴマの魅力は香りにある！

「ごまかす」という言葉があるように、ゴマは、食べ物の味に変化を与える大きな効用をもっている。つまり、ゴマを料理に上手に使いこなすことで、味を向上させる力があるということだ。近年、様々な食材の味が低下していく傾向にあるが、それをカバーするためにも、ゴマをうまく使いこなすことは非常に大切である。

ゴマの一番の魅力は、何といってもその特有の香りにある。この香りはゴマを炒(い)った時に生ずるもので、とくにゴマの皮から香りが出てくる。この香りの正体は〝ピラジン〟[*1]と呼ばれる成分である。

ピラジンは水分の少ない状態で、タンパク質と糖分を180度位の高温で加熱すると生成される。ピラジンを得るためには180度の温度と、ゴマの皮の部分が必要なわけである。

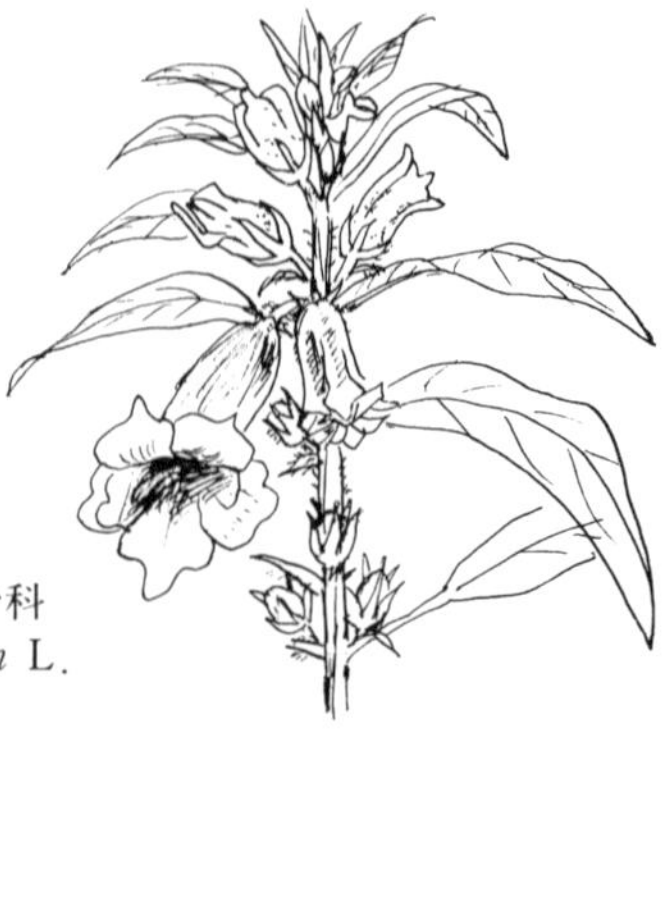

●胡麻[ゴマ]／ゴマ科
Sesamum indicum L.

皮をむいたゴマには、ピラジンの働きがないが、それでも180度程度に加熱すると、皮付きのときよりも穏やかながら、やはり良い香りが出てくる性質がある。これはゴマの中に含まれる脂肪から出てくる香りである。

ゴマの油からは、大豆やコーン、綿実、紅花（サフラワー）、ひまわりの油などとは違う香りが加熱によって生じる。この香りは、ラードやバターなどを加熱した時の香りとも異なる。

脂肪酸の種類によって植物油の香りは異なる

ゴマの油を加熱すると出る香りは脂肪酸によるものである。脂肪酸[*2]にはいろいろな種類があるが、ゴマ油に多く含まれている脂肪酸は〝オレイン酸〟と呼ばれる不飽和脂肪酸の一種で、不飽和の部分を一箇所だけもっているのが特徴である。オレイン酸は、ゴマのほかにはオリーブ油にも多い。また、菜種油にも比較的多く含まれている。普通、植物油には、リノール酸と呼ばれる、不飽和の部分が二個ある多価不飽和脂肪酸が含まれていることが多い。オレイン酸かリノール酸かという違いが、180度くらいに加熱した時に出る香りの差となっているのである。油は加熱することで、それぞれの油ごとに特有の香りが出てくるが、その香りの差異は、構成している脂肪酸の種類によって、それぞれの油に特有のものなのだ。

ゴマの油のように、オレイン酸が多い油の香りは、穏やかだが、食欲をそそる、あっさりした香りである。オリーブ油を加熱した時に出る香りと似て

＊1 ピラジン
ゴマを炒った際に生じる香り成分。ゴマには芳香成分はほとんど含まれないが、炒ると化学反応が起こりピラジンが生成する。

＊2 脂肪酸
大きく飽和脂肪酸と不飽和脂肪酸とにわかれる。不飽和脂肪酸には、一価不飽和脂肪酸と多価不飽和脂肪酸がある。詳しくは65ページ参照のこと。

いるが、やはり、ゴマには特有の香りがある。大豆やコーンのような強い香りではない。

このように、ピラジンの働きと、加熱した時の油からの香りが、ゴマの魅力となり料理の風味を引き立ててくれる。したがって、ゴマを料理に使うときは、必ず、炒るなど加熱してから使用することが必要なのである。

ただし、製品としてのゴマ油は、ゴマそのものの油と比べると少々香りが異なるが、ゴマ油はゴマの中の油分だけを搾(しぼ)って分離してあるからである。ゴマの種実の場合は、皮も付いているし、タンパク質や炭水化物なども共に含まれている。これらも加熱で香りを出すから、油単独の香りとは異なってくるのだ。

ゴマ油には、白絞油[*3]と、香りを出すために炒ってから搾(しぼ)った褐色のものがある。褐色のゴマ油は、炒ったときの香りがついているが、保存している間にかなり香りに変化が生じるので、炒り立てのゴマの種実の香りとは大きく異なる。したがって、料理の風味向上のためには、炒りたてのゴマを使うのがベターである。

洋風の料理にもゴマは良く合う

ゴマ[*4]は、日本のスパイスといった感じが強いが、決して日本特有のものではない。古代から世界各国で料理に用いられてきた。

古代エジプト王朝では、健康のためにゴマ油を飲んでいたといわれるし、

＊3 白絞油（しらしめゆ）
本来は圧搾（あっさく）法で取った菜種油を指す。薄い黄色で、味も香りも非常によい。現在では大豆油や綿実油の精製したものも、白絞油と呼ぶことが多い。ゴマの白絞油の場合は、ゴマの種子を粉砕し、蒸して圧搾する。

中国では、仙人は〝ゴマ飯〟を食べるので不老長寿であったといわれる。また、アラビアンナイトに出てくる盗賊の呪文が〝オープン・セサミ〟つまり〝開けゴマ〟だが、これは、ゴマのもつ素晴らしい効用が魔力の象徴のように考えられていたものの表われであろう。

ゴマは洋風の料理にとっても、決して異質なものではない。良い風味を出すためには、ゴマを西洋料理にも積極的に取り入れるとよい。

例えば、ゴマの風味のソースがあっても良いわけだし、ゴマの入った調味液でマリネするのも良い。

肉などを焼くときにも、コショウとともにゴマの粗くすったものを振れば、加熱したときに良い香りをプラスすることもできる。また、和え物に使うときは、ゴマの風味だけでなく、すり加減を工夫することで、舌触り（テクスチャー）に変化をもたせることもできる。

ゴマは、料理における幅広い風味向上の材料として、工夫次第で、いくらでも応用が可能な食材なのである。

ゴマはすり方の工夫で口当たりに変化が出る

ゴマをすって使用する場合、すり加減によって粒度が異なるものとなる。当然ながら粒度は、口当たりに大きく影響する。細かくすれば滑(なめ)らかになるし、粗くすればざらざらした口当たりになる。また、ごく細かくすれば、ゴマ豆腐に使用する練りゴマ（ペースト）のように、非常に滑らかな感じとな

＊4 ゴマの原産地と伝播
原産地はアフリカと推定される。そこからインド、エジプトへ伝播し、日本には中国から、仏教伝来（538年とされる）とともに伝わったといわれている。

り、口に入れたときにまず滑らかさを強く感じ、ゴマの風味は、あとでおもむろに感じるといった状態になる。

ソースに加える場合でも、すり具合によって口当たりや風味が大きく左右されるので、独自のすり具合を発見することで、他にない料理ができるということとなる。

ゴマの脂肪は酸化しにくい

ゴマの特色として、ゴマに含まれる油は酸化の度合が非常に弱いということがあげられる。これは、ゴマには〝セサミノール〟[*5]という天然の酸化防止剤が含まれているからである。セサミノールはかなり強力な酸化防止作用をもっている。このため、ゴマ[*6]を使用した料理は、時間が経過しても、風味に変化が起こりにくいという利点がある。

ゴマ油は、ほかの油よりも、賞味期限が長く設定されているが、これもこの天然の酸化防止剤のおかげである。例えば、ひと晩マリネしておく場合、どうしてもサラダ油などは時間とともに酸化して、風味の低下が起こりやすい。しかし、ここにゴマをすって加えれば、ひと晩おいても、マリネした調味液に変化が少なく、風味の低下がかなり防止できる。

ゴマの種類と生産地

ゴマ[*7]は色の違いで白ゴマ、黒ゴマ、金ゴマなどに種類分けすることができ

＊5 セサミノール
ゴマに含まれる抗酸化性成分。ビタミンEとともに、脂肪などの酸化を防止する働きがある。

＊6 ゴマの保存
高温多湿、直射日光は避ける。加熱されると天然酸化防止剤であるビタミンEやセサミノールが減少し、脂肪分が酸化されやすくなり、保存期間が短くなる。

る。普通、最も多く使われているのは白ゴマであるが、赤飯などのように、日本の祝いの席での料理では黒ゴマの使われることが多い。また、幕の内や握り飯も黒ゴマが普通である。これは、色のコントラストということもあろうが、黒豆などのように、黒が良いという信仰から出たもののようで、別に白ゴマでも黒ゴマでも風味にはそれほどの差はない。

ところで、これほど風味に対して強力な効用をもつゴマであるが、残念なことに、日本ではほとんど生産されていない。つまり、大部分は輸入によるものである。

ゴマの輸入先は、中国、東南アジア、アフリカなどの世界各国で、その時によって、どういう風味のゴマが入手できるか、安定性のないのが問題点である。

当然だが、生産地により風味に差異があるからだ。といって、どこで生産されたゴマなのか判別するのも難しい。量的には少ないが、国産のものは、種実が太っているし、風味そのものも良いようである。風味の良い国産のゴマの入手ルートをうまく作り、料理に用いるようにすれば、料理の風味も良くなることは間違いない。

国産のゴマは、生産量が少ないため、どうしても輸入物に比べて高価である。その点は料理のコストに響くことになるわけだが、料理の風味の向上ということを考えれば、ある程度コスト面は容認する必要がある。料理の風味をより良くするためには、これは有益な投資ではないかと思われる。

＊7 ゴマの種類
種子の色で白ゴマ、黒ゴマ、茶ゴマ、黄（金）ゴマに分けられる。白ゴマと茶ゴマは小粒だが含油率が高く（50～55％）搾油用にされる。黒ゴマは大粒だが含油率は低い（40～50％）。黄（金）ゴマは香りがよく、含油率は黒ゴマより多いが生産量が少ないため、一般的にあまり用いられない。

〈柚子〉〈シソ〉の香りは洋風の料理にも合う！

柚子とシソの香りは洋風の料理にも合う

柚子・シソは和風の香りを代表する食材だが、最近では洋風の料理にも多く使われ出している。

柚子は、和風料理では、ポン酢や柚子醤油などが一般にもよく使われ、市販品としても根強く定着している。さらに最近では、柚子コショウ[*1]といった、柚子をスパイス的にした商品も販売されている。そうした和風の調味料を洋風料理にも活用することが増えてきているようだ。

また、シソの方も、青ジソをバジルの代わりにスパゲティに使ったり、シソの香りのするシソドレッシングも出回っている。

これらのことから、柚子とシソの香りが、和風の料理に限らず、幅広い料理に利用されていることがわかる。

柚子にしろシソにしろ、長い間、親しみのある風味として、日本人の日常

●紫蘇［シソ］／シソ科
Perilla frutescens Britton var. *crispa* Decne.

の食事に使われてきた。

柚子とシソは日本人が慣れ親しんでいる風味

例えば、柚子は、料理に使うだけでなく、冬至の〝柚子風呂〟のような使われ方もする。香りの良さ以外にも、体が暖まる成分が何か含まれているからかもしれない。昔から柚子風呂に入ると無病息災といわれるが、実際に気分が良くなることは事実である。単なる香り以上のもの、つまり〝気分の良さ〟を感じるわけだ。

これは料理にとっても大切なポイントで、気分[*2]が良くなると料理の味もおいしく感じるようになる。

シソの香りが日本人に好まれるのも、梅干しの風味として古くからなじんでいるからであろう。梅干しも昔から健康食品のひとつに数えられているが、日本人がシソの香りを良い香りと感ずる背景には、そういった良いイメージが関わっているのかもしれない。その点からもシソのもつ風味が、料理に対して、プラスに働いているのだろう。

また、食べ物の共通点として、慣れのあるものに対しては親しみが強いという点があげられる。となると、日本人が慣れ親しんできた食品を洋風や中国風の料理にどんどん取り入れれば良いと考えられる。が、単に親しみがあるだけでは洋風や中国風の料理には合わない。そこには、もうひとつ別の条件が必要とされる。

＊1 柚子コショウ
九州地方特産の香辛料。すりおろした柚子の皮に生の青唐辛子のすりおろしたものを合わせ、食塩を加えてペースト状にする。柚子の香りと唐辛子のヒリヒリした辛味があり、薬味に用いられる。コショウとは唐辛子のことで九州北部の呼び名。

＊2 おいしさと心理学
料理の味を大きく左右する要素のひとつに心理的なものがあげられる。ここで紹介している柚子やシソは「食品に対するイメージ」という点で、味にも影響を与えているわけだ。その他、心理的要因には「食卓の雰囲気」「料理や食器の色彩、形」などがあり、いずれも料理の味に大きく影響するので、気を配る必要がある。

油となじむ食材は洋風や中国風の料理にも合う！

洋風や中国風の料理になじむには、油との相性が良いという条件が必要である。その点では、柚子もシソも油になじんでくれる性質があるので申し分ない。柚子とシソが油になじむ理由は、柚子とシソの香り成分[*3]が油性の物質だからだ。

最近、日本の料理に油が多く入ってきていることは、日常の料理の傾向をみてもよくわかるし、国の調査でも実際の脂肪の摂取量が、かなり高い線にあることが判明している。また、飲食店でも油を使った料理の頻度（ひんど）が高いことは、メニューをみてもよくわかるところだ。

しかし、ここで考えてみる必要があるのは、油の多く使われている料理が増加したのはごく近年であるということだ。そして忘れてはならないのは、食の習慣は非常に保守的である点だ。これはどういうことかというと、食生活に油が多くなってはいるが、そこに、何かしら日本的な要素があることが望ましいわけである。だから、油の多い料理でも、そこに日本的な風味が加われば、日本人にとっては親しみのある料理になるわけだ。

ここに柚子やシソを使う意味が出てくる。しかも、柚子もシソも油になじむ性質があるという利点がある。

柚子やシソを積極的に料理に使用することは、食べる側の嗜好に有利に合わせることに通じるわけだ。

＊3 柚子とシソの油性の香り成分
柚子とシソには共通の香り成分、ペリラアルデヒドが含まれている。これは油性の芳香精油で特有の芳香をもつ。

料理には、積極的に柚子・シソを使いたい

油料理はしつこいという感じをもつ人が増えつつある。もともと日本人は油の少ない料理になじんできたのだから当然であろう。

とはいっても、油の少ない料理は、材料価格がどうしても高くなる。つまり、油を使った料理だと少し質の低下した材料でもカバーできるが、油を使わないとなると、日本人は風味に対して非常にデリケートなので、鮮度の良いものでないとごまかしがききにくい。

例えば、少しでも魚に生臭い感じがしたら、鮮度が落ちているという判断をするのが普通である。

冷凍保存した魚や、漁獲の方法が荒い魚の場合だと、日本的感覚ではどうしても鮮度が良いとは思えない。近海で鮮度の良い状態で釣り上げたものよりは、数段鮮度が劣るように感ずるのだ。そこで、油を使って鮮度の劣化をカバーすることになる。

フランスで、新鮮な魚料理を食べさせるといわれている飲食店で魚料理を食べてみたことがある。そこで感じたことは、けっこう生臭みのあることだった。しかし彼らの感覚では、肉類の感覚と同じで、「腐敗していないものは、いかににおいがあっても新鮮だ」というように感ずる傾向があるようだ。

こういう感覚は日本では通用しない。フランス料理では、濃厚な、油の多

いソースを使うので、材料のある程度の生臭みはカバーできる。この点が日本では習慣的に通用しない部分である。

日本の食材の事情も、以前とは大きく変わってきており、それが料理に油を多く使わせる理由になっている。油からは逃れられない状況が日本の料理を襲(おそ)ってきているのだ。

ところが、油にあまり強くない日本人は、油を使うにしてもできるだけさっぱりした状態で使ってほしいと思うのが実状である。

こういったときに力を発揮するのが〝香り〟である。油の多い洋風や中国風の料理に香りのスパイスがいろいろと使われるのも当然だろう。油を使うだけでは、風味の良い料理を供することはできないからである。

そうした場合に使うスパイスを、洋風や中国風のものでなく和風のものにすると、日本人はさっぱりと感じるわけだ。

そこで、油にもよく合う柚子[*4]やシソ[*5]を香りのスパイスとして使っていくのも、良い方法であろう。

マリネ、炒め物、フライにも柚子やシソが合う！

具体的な料理としては、マリネなどに、柚子やシソの香りをつけると、さっぱりした仕上がりになる。

また、油炒めのように加熱する料理でも、下味やソース、仕上げのときなどに柚子やシソを利用することは良いことだと思われる。

＊4 柚子
ミカン科の常緑樹。原産は中国だが、日本には朝鮮半島を経由して奈良時代に伝来したといわれる。未熟果の青柚子（青柚）と成熟した黄柚子とがある。青柚子は夏場に出回り、黄柚子は10月〜3月ころに出回る。

＊5 シソ
シソ科の一年草。中国南部、ミャンマー、ヒマラヤ地方が原産地とされる。日本で最も古い野菜のひとつで奈良時代にはすでに栽培されていたという。独特の香気をもつ。葉が緑色の青ジソ（大葉ともいう）と赤紫色の赤ジソがある。赤ジソに含まれるシソニンという色素は梅干しの色づけには欠かせないもの。芽、花、実もそれぞれ食用にする。

フライの場合も、下味や仕上げに柚子やシソを使うと爽（さわ）やかさが出てよいだろう。

実際、和風料理でも、生臭みのある脂肪の多い魚を使うときには、柚子の香りを活かした「幽庵（ゆうあん）だれ」に浸したのちに焼く「幽庵焼き」という料理に仕上げる。この料理は、柚子の香りで魚のクセのあるにおいを消して、良い香りを添加している例といえよう。

シソはスパゲティに合うのだから、焼飯（チャーハン）のようなものにでも使えるはずだし、柚子を加えてみても面白いかもしれない。

柚子コショウを自身魚のムニエルなどに使ってみると、かなりいける風味の料理ができるし、和風、洋風ともに、麺料理に使用してみても、結構良い風味になる。

柚子やシソの香り成分の中には、リモネン[*6]やペリラアルデヒドなどが含まれている。どちらの香り成分も食欲を増し、材料の風味を良くして、料理の味の向上につながるという点では共通しているものがあるといえよう。

柚子とシソが和風の香りを持つ食材だからといって、洋風の料理や中国風の料理に使うことを敬遠しないで、もっともっと積極的に使ってみることが必要ではないだろうか。

＊6 リモネン
食欲増進に高い効果のある香り成分。気分を落ちつかせる効果があり、これが味覚に大きな影響を与えている。ただし、リモネンは酸化しやすいので、柚子を料理に使うときは直前に切ると良い。（59ページ参照）

ハーブ類の魅力

ハーブ（herb）とは香辛料のうち、葉を使うものの総称で、香草とも呼ばれる。ハーブは一般に香りが高く、特有の風味があり、料理に風味や彩りを添える。また、調理のときに肉などのにおい消しのために用いられる。パセリ、タイム、チャービル、バジルなど多くの種類があり、葉の他に、芽、茎、花もハーブとして使える。生、あるいは乾燥物として用いる。ニンジン、玉ネギ、セロリなどは野菜であるが、香りや辛味などの特性によってハーブ的な使い方ができる。料理の風味の仕上げには、コショウやトウガラシなどのスパイスと併用することが多い。

■ハーブの使用法と種類

薬味として…スープ、煮物などの料理、デザート、飲み物などに用いて、風味や彩りを良くする。適しているハーブには、パセリ、コリアンダー、チャイブ、ミントなどがある。料理とハーブの組み合わせ方には、スモークサーモンとケーパー、ローストビーフとホースラディッシュ、エスカルゴとタラゴンといったように、組み合わせが決まっているものがある。デザート、飲み物などにはミントや花類がよく用いられる。

調味料として…ドレッシング、マリネーやピクルスのつけ汁などに配合して風味を仕上げる。パセリ、タマネギ、ニンニク、チャイブ、ディルなどがよく用いられる。スパゲティのバジルソースのように調味の主役になることもある。

煮込み料理ではブーケガルニ（パセリの茎、セロリやニンジンの葉、タイム、月桂樹の葉などを数種合わせて束ねたもの）や月桂樹の葉を、煮込みの初期から加えて風味づけを行なう。

その他、オリーブ油にフェンネル、タイム、セージなどのハーブを浸して風味をつけたハーブオイル、酢にハーブの風味を移したハーブビネガーなど、ハーブ風味の調味料がある。

材料の下処理に…肉や魚のにおい消しや下味をつける目的で用いる。肉類ではニンニク、玉ネギなどが、魚ではタイムが適している。コショウなどのスパイスやワイン、酒、醤油などと併用すると効果的である。

料理材料に用いる…サラダ、料理の付け合せなどにある程度の量を用いて料理素材とする。ロケット、クレソン、イタリアンパセリ、バジルや、ナスタチウムなどの食用花が適している。

その他、フィーヌゼルブ（パセリ、チャービル、タラゴン、チャイブなど、数種のハーブを細かく刻んで合わせたもの）にしてオムレツの具にするなどがある。

ハーブティー…カモミール、ミント、レモングラス、レモンバーム、ローズヒップ、ハイビスカスなど。単品あるいは混合して用いる。

和食で用いる薬味、つま、けん、吸い口、うわおきなどと呼ばれる数多くの香味野菜や香味料も広い意味でのハーブであり、使用法もほぼ同じである。和食の場合は、薬味の風味で素材の味を引き立たせるだけでなく、春の木の芽やウド、フキノトウ、夏の青ジソやミョウガ、秋のスダチや菊の花、冬の柚子などといったように、季節感を演出する使い方が多い。和食では、素材と薬味の組み合わせ方や使い方などに伝統的なルールがみられ、伝承されている。例えば、刺身では魚貝の種類や季節によって辛味料（ワサビ、ショウガ、大根など）、けん（大根、キュウリ、ミョウガなど）、つま（貝割れ、三つ葉、ネギ、浜防風、芽ジソなど）の組み合わせ方が工夫される。

生にはない〈乾燥物〉特有のうま味

生にはない乾燥物のうま味とは？

料理の材料として、最近は生のものを使用する頻度が高くなっており、乾燥品はあまり活用されないようだ。

その理由としては、ひと昔前と違って、旬以外の時季にも生鮮食品がふんだんに入手できるようになっていることや、乾燥物を使用するときに手間のかかることなどがあげられよう。

しかし、乾燥物というのは、生の食材の代用品ではなく、異なる風味をもったひとつの立派な素材なのである。乾燥物の特性を知り、上手に使いこなすことが、良い料理を作り上げるポイントとなるのである。

現在、食材というと生のものの方が優れていると考える人が多いようだが、生で鮮度の良いものはすべて味が良いかというと、必ずしもそうではない。食材によっては、乾燥する、強力に加熱する、塩漬けにするなどの処理

●昆布［コンブ］／コンブ科
Laminaria

を行なった方が味が良い場合もあるのだ。なぜなら、乾燥物には生では存在しなかったうま味成分などの物質が含まれるからである。また、うま味成分以外にも、各種のアミノ酸や糖類などが関連して、味が良くなっているものと思われる。

それだけに、こういった乾燥材料などを上手に利用すれば、料理の味を向上させることができる。

乾燥することでうま味の出る食品

乾燥することで、うま味成分が生成される食品の数はかなり多い。乾燥することによって生まれたうま味を上手に利用しているのが中国料理である。フカヒレ、エビ、ナマコ、イカ、貝柱、アワビ、ツバメの巣、椎茸、キクラゲ……などと種類も多い。そしてこれら乾燥品[*1]のほとんどが高級な食材として扱われている。中国料理のメニューを見れば、素材のかなりの部分で、これらの乾燥品を利用しているし、いずれも特性を上手に生かしている。本場の中国料理と日本で食べる中国料理の味の差は、乾燥した食材をふんだんに使うかどうかの違いによるものが大きい。

日本にも伝統的な乾燥食品は多くある。昆布、大根、ズイキ、サツマイモ、椎茸、カツオ節、煮干し、エビなどがその代表である。日本では乾燥品は料理の材料としてより、ダシの材料として使われることが多い。そこで代表的なダシの材料とうま味についてみてみよう。

＊1 中国料理の乾燥食材
広大な国土をもつ中国では昔から材料の輸送や保存の困難さから食品の乾燥技術や調理法が発達してきた。次にあげるのは代表的な乾燥食材。

フカヒレ…サメのヒレを乾燥したもの。煮込み料理などに使う。

アワビ…塩漬けアワビを茹でて干したもの。煮込みやスープに用いる。

貝柱…ホタテガイやタイラガイの貝柱を茹でて乾燥したもの。煮物、蒸し物、スープにと応用範囲が広い。

ツバメの巣…アナツバメの巣の乾燥品。スープやデザートに使う。

干し椎茸のうま味

干し椎茸のうま味成分は〝グアニル酸〟といわれるものである。このうま味成分は、干し椎茸を水で戻すときに生まれるが、これは干し椎茸に含まれている核酸系の物質が変化したものである。水で戻すときに酵素の働きによってうま味物質に変化するのだ。

また、水で戻すとき、椎茸独特の食欲をそそる香り成分も生成される。これは〝レンチオニン〟[*2]というが、やはり酵素の作用で生成するものである。このレンチオニンには料理そのものの風味を高める作用もある。

したがって、干し椎茸を使えば、生の椎茸では味わえないグアニル酸のうま味や独特の風味が料理に加わるのである。逆からいえば、生椎茸を干し椎茸の代わりとして使っても仕上がりはまったく異なる味になる。これはダシを取るときでも同様で、材料に生椎茸を使っても、ほとんどうま味は出ない。

昆布、煮干し、カツオ節のうま味

ダシというと、日本では昆布が多用されるが、昆布も椎茸と同じで、生のままでは特有の味は生まれない。

収穫した昆布を浜で乾燥し、さらに倉庫で1～3年くらい寝かせることで、うま味成分の〝グルタミン酸〟や甘味成分の〝マンニット〟[*3]などが、昆

＊2 レンチオニン
干し椎茸を水で戻したときに生じる香り成分。レンチオニンが加わると、たとえ100万分の1gという微量でも、料理の風味が高まる。

布の組織から分離するのである。

具体的には、海から昆布に付着してきた微生物が酵素を出し、それによってうま味成分や甘味成分が昆布から遊離するのである。

カツオ節や煮干しなども同様で、茹でて乾燥することで、うま味が核酸から変化してできるのだ。このときにも酵素が働いている。生のときには、このうま味はないし、生からいきなり乾燥しても、強いうま味は生じない。

イワシを茹でないで乾燥させた〝ゴマメ（田作り）〟よりも、茹でてから干した〝煮干し〟の方がうま味が大きくなるのは、茹でるという作業があるからである。カツオ節の場合、乾燥だけでなく、カビつけを行なうが、このカビの酵素が〝イノシン酸〟というううま味成分を多量に作り出しているのである。

乾燥物のにおいを上手に消す方法

乾燥物は、それぞれに特有のにおいがある。これは、乾燥の過程で、材料の中に含まれている成分が酸化などの変化を起こすためである。大根のように含硫化合物[*4]を含むものは、乾燥により独特の強いにおいを生じる傾向にある。

このように強いにおいのあるものは、戻すときに水を替えたりさらしたりして、余分なにおいを抜く必要がある。しかし、においのあまり強くないものはその必要がないし、干し椎茸のようににおいが良い感じのものは、戻し

＊3 マンニット
昆布の表面に、うっすらと白く浮いているのがマンニットで、炭水化物の一種。中にはカビのように一面まっ白な昆布もあるが、これはうま味も多くが出てしまっているので、良質ではない。

＊4 含硫化合物
大根、キャベツなど、アブラナ科の植物に含まれる、特有のにおいの成分。生のときには辛味として感じられるが、加熱により、甘く変化する。

汁をそのままダシに使うなどそのにおいを活かすことが大切である。

少しにおいのある乾燥材料でも、炒めるなど調理に油を使用する場合は、油によってにおいがカバーされるから、あまり気にする必要はない。

ダシを取るために、何種類もの乾燥材料を煮出すような場合には、卵白や卵の殻でアク引きを行なうことが多いが、これで十分においを抜くことができる。卵白や卵の殻についている卵白がにおいの成分を吸着するからである。その理由は、卵白がほとんど純粋のタンパク質でできているからである。

卵白のように水溶性のタンパク質は、水の中に分散する性質をもっていて、これを加熱すると凝固するが、このときに、油や浮遊する細かい粒子とともに、においの成分も吸着してしまうのである。

また、甘味を加えることで、においを消す方法もある。甘味が加っても差しつかえがないような料理の場合、少量の砂糖を加えると、乾燥物特有のにおいをわからなくすることができる。甘味は、味覚に対し、においや味を隠してしまう働きがあるからだ。しかし、甘味は、材料のもっている微妙な風味を消してしまうこともあるので、砂糖を使ってにおいを消す場合には注意が必要である。

こうした工夫さえすれば、乾燥した食品にはいろいろ面白い使い方がある。例えば、スープのダシの隠し味として干し貝柱を加えれば、うま味が潜(ひそ)んだ独特の味に仕上げることもできる。

乾燥物にしかないうま味成分があることを常に念頭に置いて調理をすれば、上手に隠し味をつけることができるし、味の差別化が意外と簡単にできることとなる。

乾燥品の保存と選び方

乾燥品の独特のうま味は、その材料の収穫された場所、方法、鮮度、材料の乾燥の方法などで大きく差が出る。良い味を作るには、良い乾燥材料を見つけることが大切である。

乾燥した食品材料の品質は、口に入れてよく噛(か)んでみると、簡単に判別できる。生の食材を識別するには、ある程度のカンも必要とされるが、乾燥品[*5]の選別はしやすい。

なお、乾燥品で大切なことは、保存性があるようで、それほど長くは保存できないことである。乾燥品は、気温の高いときはとくに成分が変化しやすいので注意が必要だ。乾燥しているために空気の影響を受けやすく、その結果、脂肪などの成分が酸化して、特有のひなた臭さを生じることになりやすいからである。この変化は温度が高いほど起こりやすいので、保存は、空気を遮断できるような容器、包装にして、低温の場所に置くことが必要である。

*5 干し椎茸の選び方
干し椎茸は傘の表面が黄金色でつやがあり、香りの良いもの、そして、しっかりと乾燥しているものを選ぶと良い。

〈カツオ節〉のうま味の知識と料理に生かすコツ

日本人の好きなうま味

ご存知のように〝うま味〟[*1]は料理の味を決める大切な要素である。日本では各種のうま味が料理に上手に使われているが、中でもダシのうま味は日本独特の味ともいえる。うま味の弱い素材を使う場合でも、ダシを加えることで、ダシのうま味が添加され、味を良くすることができる。

　そのダシの主力となっているのが、カツオ節[*2]の味、つまり〝イノシン酸〟[*3]を主とするうま味である。イノシン酸というのは、カツオ節の味に代表されるうま味で、主に魚類や肉類に含まれているのだが、カツオ節ほどストレートにイノシン酸のうま味を感じさせる食品も少ない。

　カツオ節のうま味というのは、生のカツオに蒸し煮→冷却→燻煙→乾燥→黴(かび)付けなどの工程を行なうことで、ようやく生まれるものである。だから生のままのカツオや蒸し煮しただけの生節には、イノシン酸のうま味はあまり

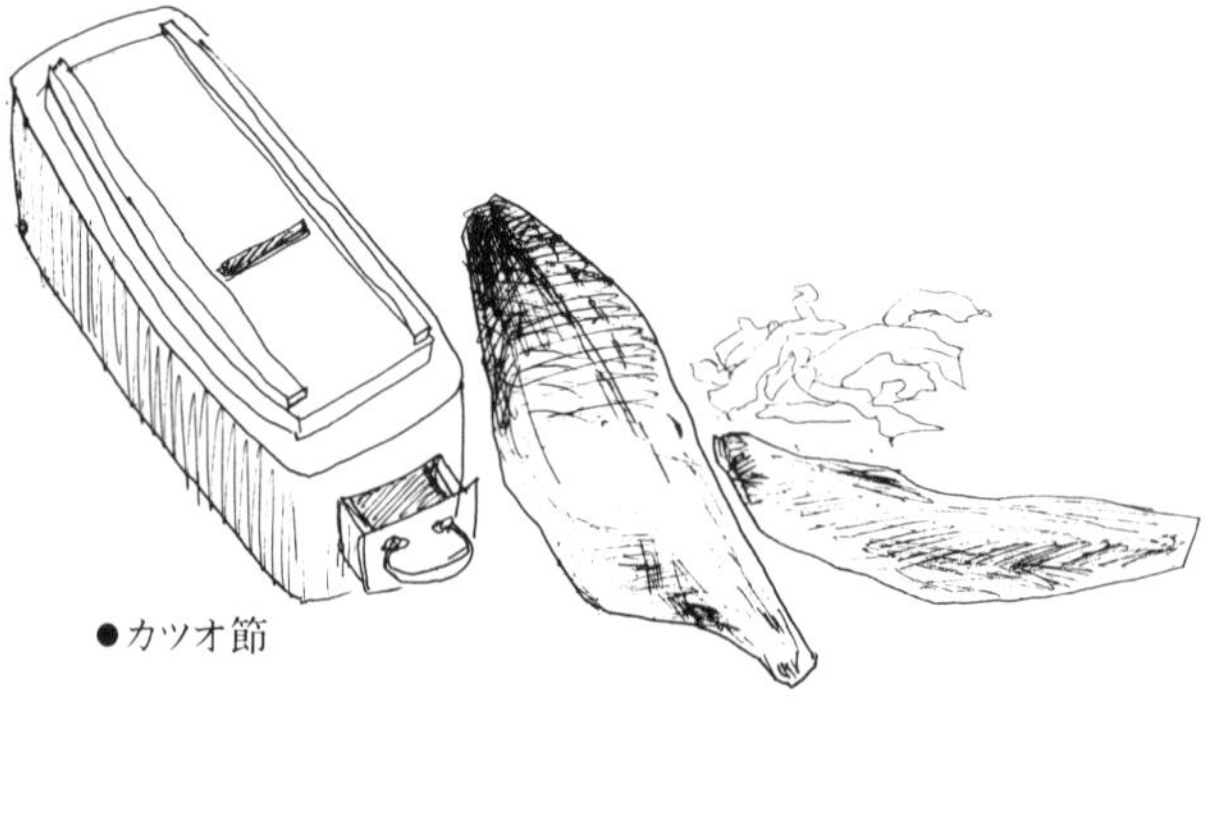

●カツオ節

感じられない。

日本人は、このカツオ節のうま味に対する嗜好が大変強い。カツオ節から取ったダシが幅広い料理に使われるが、これはある意味ではイノシン酸の味を楽しんでいるのである。また、カツオ節を削(けず)った削り節も数々の料理に広く利用されている。おひたし、冷や奴、漬け物、お好み焼き、数の子などがその例である。これらは味のアクセントとして、カツオ節のイノシン酸のうま味が利用されているわけである。

イノシン酸への嗜好が牛肉の好みにも反映！

イノシン酸のうま味に対する嗜好は、日本人の肉類の嗜好にもつながっている。日本ではステーキ用の牛肉にも、このイノシン酸のうま味が求められるようで、イノシン酸の味を強くもつ牛肉が、おいしいステーキの肉として評価される傾向にある。イノシン酸が少ない牛肉は味が良いとされないのだ。日本人が好むステーキ肉の条件としては、イノシン酸の量以外にも、低温でも溶けやすい柔らかな脂肪が細かく肉の間に入っていることなどがあげられる。しかし、何といってもイノシン酸のうま味を抜きにしては、牛肉の味は評価されない。

イノシン酸のうま味は、味の相乗作用でアップする

うま味にはイノシン酸の他にもグルタミン酸[*4]、コハク酸[*5]、グアニル酸[*6]など

＊1 うま味
塩・甘・酸・苦（味の四原味）にうま味を加えて五原味という。天然の食品は多少のうま味成分を含んでいる。とくに多く含むのはタンパク質系食品。日本で昔から親しんできたカツオや昆布といったダシの材料にはイノシン酸やグルタミン酸などのうま味成分が豊富に含まれている。ダシとうま味との関係が明らかになるのは、明治41年（1908）、池田菊苗が昆布の抽出液からグルタミン酸を発見したことによる。

＊2 カツオ節
日本特有の加工品で、江戸時代からダシに利用されてきた。ダシを取るときは水1ℓにカツオ節40g（4％）で作るのがおいしく、熱湯に一分ほど浸すだけでほとんどのうま味が出る。

＊3 イノシン酸
大正2年（1913）に小玉新太郎によって、はじめてカツオ節のうま味成分であることが明らかにされる。塩味・酸味と相性が良いが、甘いものに対してはくどい甘味を強調することが多いので、使用量に注意が必要である。

があるが、イノシン酸はグルタミン酸と一緒になると、飛躍的にうま味が増す性質がある。

グルタミン酸は、昆布のうま味成分として有名であるが、他にも醤油、味噌、お茶、海苔などの身近な多くの食品に含まれているから、イノシン酸と組み合わせて料理の味を良くすることが比較的簡単にできる。

例えば、イノシン酸を多く含む牛肉の味つけに、グルタミン酸が豊富な醤油を使えば、醤油のグルタミン酸と、牛肉のイノシン酸との味の相乗作用によって、牛肉をよりおいしく食べることができるのである。

レストランなどで、鉄板焼きのサイコロステーキのタレとして醤油と大根おろしを混ぜたものがよく出てくるのも、イノシン酸とグルタミン酸のうま味同士の相性のよさが、日本人に喜ばれるからである。

ステーキのソースとしてはドミグラスソースを使うことも多い。ドミグラスソースというのは、強いうま味をもった数種の材料を混ぜ合わせて作るソースである、これを使えばさらにいろいろなうま味が混ざり合うから、味が良くなると思いがちだが、うま味を強くもったもの同士を合わせて使用すると、逆に牛肉の中のイノシン酸のうま味を消してしまうことになるので注意が必要だ。

イノシン酸の利用で、日本人好みの料理に！

洋風料理のソース類にもイノシン酸は含まれているのだが、カツオ節のダ

＊4 グルタミン酸
昆布、緑茶、醤油などに多く含まれるため、日本特有のうま味と思いがちであるが、じつはチーズやトマト、マッシュルームといった洋風の食材にも多く含まれている。主な食品のグルタミン酸含有量は75ページ参照のこと。

＊5 コハク酸
シジミやハマグリなど貝類に多く含まれるうま味成分のひとつ。アルコール発酵の際にも生成するため、清酒にも多く含まれる。味は非常に濃厚で加工食品などに少量添加されることが多い。

＊6 グアニル酸
椎茸などのキノコ類に代表されるうま味成分で肉類にも含まれる。グルタミン酸やイノシン酸よりもうま味が強いのが特徴。グルタミン酸ナトリウムに少量加えると味の相乗作用が大きい。

シと違ってイノシン酸のうま味は、それほど強く感じられない。

これは、洋風料理のソース類にはカツオ節のダシと異なって脂肪分が含まれているからである。脂肪分の少ない食品の方が、よりイノシン酸の味を味覚に感じやすいのである。

日本人は、洋風ソースのように複合的な味わいの中のイノシン酸の味よりも、カツオ節のようにストレートに近いイノシン酸の味を嗜好する傾向にあるようである。

その理由としては、日本人の食生活の習慣が考えられる。日本人は古代からつい最近まで、脂肪分の少ない食事を食べ続けてきた。その料理は、おおよそ、食品材料を脂肪分のないストレートに近い状態で味わっていたと考えられる。日本人が、ストレートなイノシン酸の味を嗜好するのも、ひとつにはこの習慣によるものと思われる。

したがって洋風料理にも、あっさりしたカツオ節のダシのストレートな味をうまく導入することによって日本人に喜ばれる味を作ることができるようになるのではないかと思われる。

実際のところ、スープスパゲッティなどでは、カツオ節で作ったスープ（ダシ）で煮たものが喜ばれているようだし、餃子の場合でも、スープ餃子の汁にカツオ節のダシを使うと、和風の感じで喜ばれる。

ただしこのような場合、単純にカツオ節のダシだけを使うよりも、例えば、淡白な味の洋風のスープストックなどを混ぜると、コクが出て味が良くなる場合もあるので、ケース・バイ・ケースで味づくりを行なうと良い。

イノシン酸は料理の味をまろやかにする

イノシン酸の味には、強い酸味をやわらげると同時に、塩味をまるくする作用がある。このようなイノシン酸の性質はいろいろな食品や料理に利用されている。

例えば、梅干しの味をソフトにするのにも利用されており、ダシを吸収させた梅干しや、カツオ節入りの梅干しがよく出回っている。これも塩味と酸味を緩和するためであるが、イノシン酸のうま味に対する日本人の嗜好がこうした活用法を生み出しているのであろう。

このことは、酢の物に使う合わせ酢でも同様である。合わせ酢は普通、酢と食塩、醤油などに、砂糖やみりんの甘味を少量加えることによって酸味の刺激を緩和している。

しかし、砂糖は新鮮な材料のもち味を阻害することがあるので、カツオ節のダシを砂糖の代わりに使う方が良い。ダシならば、材料の味をそこねることもなく酸味を緩和することができるからだ。

うま味が酸味を緩和するというのは、サラダのドレッシングを例にしてもわかる。

例えば醤油ドレッシングだが、これは醤油に含まれるグルタミン酸が、酸味の刺激をやわらげていると思われる。しかも市販の醤油ドレッシングには、この他イノシン酸系のうま味調味料も添加されている。こうしてみると、やはりイノシン酸のうま味がドレッシングの酸味の刺激緩和に利用されていることがわかる。

イノシン酸でうま味の少ない素材の味わいが良くなる

最近の肉や魚介類などの動物性食品は、短期間で肥育されたものが多い。そのため、若くて未成熟で、うま味の少ない肉を食べざるを得なくなっている。本来、動物性食品がもつはずのイノシン酸のうま味もかなり少なくなっており、イノシン酸のうま味を添加する必要が出てきている。

だからといって、イノシン酸のうま味調味料[*7]をいきなり添加してみても、材料にしっくり味がなじまない。

イノシン酸の味を素材に上手に添加するには、マリネする時のように、調味液にカツオ節のダシを加えて、その中に材料をつけ込んでじっくりうま味を浸透させると良いのである。

このような方法を行なえば、材料の味の物足りなさを自然のうま味で補うことができるわけだ。

肉以外の素材にも、カツオ節のうま味であるイノシン酸をダシの形で幅広く利用することで、より料理をおいしくすることができる。素材の持ち味やうま味が淡白になってきている現代においては、こういった工夫も必要といえよう。

＊7 うま味調味料と風味調味料
うま味調味料…ダシのうま味成分を工業的に製造したもの。明治41年（1908）に発見されたグルタミン酸がグルタミン酸ナトリウムとして製品化されたのがうま味調味料のはじまり。うま味成分同士の味の相乗作用を生かしてイノシン酸ナトリウム、グアニル酸ナトリウムなどを配合した複合うま味調味料がある。
風味調味料…ダシの風味材料（カツオ節の粉末、昆布、椎茸など）やアミノ酸等の調味料に食塩や糖類を加えたもの。手軽にダシの風味が出せる。しかし、食塩や糖類がどの程度含まれているかは各製品によって違うため調味の際には注意が必要。

料理に意外な効果を与える〈茶〉の利用法

料理の味を増す〝茶〟のふたつの成分

料理に〝茶〟を利用してみるのは、味を良くするひとつの方法である。茶を使った料理というのはそれほど数は多くないが、例をあげると洋風の料理では紅茶のソースがあるし、和風では小魚の甘露煮に番茶の抽出液を使ったりする。また、茶飯、茶粥なども、茶を利用した料理のひとつである。このような料理になぜ茶が使われるのかというと、これは、茶に含まれるタンニンという成分と、茶自体がもつうま味というふたつの成分が、料理に良い効果を与えているからだと思われる。

〝タンニン〟とは？

タンニン[*1]というのは茶の渋味の成分であり、紅茶や緑茶のような茶葉に多く含まれている。またタンニンは紅茶の場合ではその色の要素でもある。こ

●茶[チャ]／ツバキ科
Thea sinensis L. var. *bohea*(L.)Koch

れらの茶葉を浸出すれば、その液中には、かなりのタンニンが含まれることになる。

タンニンの作用として、茶を飲んだ後、口がさっぱりすることがあげられる。これは、タンニンが口中に残っているタンパク質のかけらや口中粘膜、あるいは唾液中の成分を固めて洗い流しているからである。

つまり、[*2]タンニンがタンパク質と結合して、タンパク質を水に溶けにくい形に固めているのである。この、タンパク質を固めるというタンニンの性質を上手に利用すれば、料理の味を良くするいろいろな効果を得ることができる。

料理に欠かせない〝タンニン〟の作用

洋風料理には紅茶で作られたソースがあるが、これを魚料理などに用いると料理の口当たりがさっぱりして、生臭みも感じなくなる。口当たりがさっぱりするのは、紅茶に含まれるタンニンが料理の表面を固めるため、どろりとした不快な感触がないからだ。しかも、このタンニンのタンパク質結合力は、ソースに使っているスパイス、ハーブの香りや、うま味などを料理の表面に十分つくように作用するので、ソースの味が料理によくなじんでくれる。

和風料理の魚[*3]の甘露煮も、タンニンの作用がうまく利用されている例である。甘露煮にする場合、魚の骨が柔らかくなるまで長時間煮なければならな

＊1 タンニン
収れん作用と渋味をもつ。主成分はカテキン類。カテキン類が多いと味が低下するといわれるが、紅茶やウーロン茶などの発酵茶はカテキン類を発酵中に酸化することで特有の色と味を出す。そのためカテキン類が多いほど香りが強く、味の濃いものができる。一方、不発酵茶の玉露や抹茶はカテキン類が少ないほど高級とされる。

＊2 タンニンがタンパク質と結合
茶に溶け出たタンパク質はタンニン中のカテキン類によって凝固し、沈殿物が生じる。このまま置いておくと、これに微生物が繁殖し、茶のアミノ酸類を変質させ腐った状態にする。これを飲むと下痢をおこす場合もある。昔から〝宵越しの茶は飲むな〟といわれるのはこのためである。特に気温の高い夏は注意が必要。

いが茶で煮ることによって、タンニンが働いて魚肉タンパク質がよく固まり、長時間煮ても魚の形はくずれないのである。

さらに、タンニンは、血液が元となるにおいの消臭に効果があるので、魚を丸のまま煮る場合には欠かせない。

丸のままの魚は、腹やエラの部分、骨の付近にある血合い肉などに血液を多く含んでいるので生臭い。しかし、この生臭さの元である血液は、茶で煮ることによってタンニンが固めるから、甘露煮はほとんど生臭みを残さずに仕上がるわけである。ちなみに、魚の甘露煮には比較的タンニンの含有量の多い番茶を使う。

赤ワインにもこれと同じ働きがある。白ワインと異なり、赤ワインはブドウの皮や種の部分も一緒に発酵させて作られている。ブドウの皮や種にはタンニンが多く含まれており、これがワインの液中に溶け出ている。そこで、赤ワインを肉にふりかけたり、ソースに加えたりすれば、タンニンが肉や血液に作用して、生臭みを消して口当たりを良くし、料理をおいしくしてくれるのである。

茶を料理に利用する法

このように料理に茶を利用すると利点が多いのだが、通常の調理でそれほど多くは使われていない。その理由は、茶が飲料としてのイメージが強いこと、そして何となく特定の料理に限って使用するものというような既成の概

＊3 魚の甘露煮
甘露煮は、主にアユ、フナ、ハゼなどの川魚で作られ、これらの川魚は長く煮た方が特有の臭みがぬける。この時、番茶を出した液で煮ると、茶液中のタンニンがタンパク質を固めて煮くずれを防ぎ、骨までやわらかくなる。

念があるからではないだろうか。

しかし、飲み物としてだけではなく、食べ物として茶の使い方を工夫すれば、タンニンの作用をもっといろいろな料理に活用できるはずである。

例えば、ワカサギや小エビのから揚げを作る時、これを茶の浸出液に浸(ひた)してから揚げると、生臭みも少なく、さらりとした口当たりになる。こうした処理をしておけば、から揚げにした後に調味酢に浸す南蛮漬けなどでも、長時間調味液に漬けておいても魚がどろりとした感触になりにくいという利点がある。ニジマスやアユのような淡水魚は特有のにおいが気になるが、レモン汁といっしょに、濃い茶の浸出液をふりかけると消臭に効果がある。抹茶を白ワインに溶かしてふりかけるのも良い。また衣をつけて揚げる場合は、衣の小麦粉に抹茶を混ぜておけば風味を良くするのに役立つ。

その他、淡水魚や、タコ[*4]のように魚体の表面にぬめりが強くあるものは、茶の浸出液でさっと湯通しすると良い。ぬめりはタンパク質からできている粘膜質であるから、茶のタンニンが作用してさらりとした感じに仕上がるわけだ。

料理には濃いめの茶を使う

ところで、タンニンの作用を料理に活かそうとするなら、かなり濃いめに茶を煮出す必要がある。飲んでおいしく感じる濃度の茶は、食後の口をさっぱりさせるのに役立つ。しかし、料理にタンニンの効果を活かすためには、

＊4　タコの色どめ
茶を煮出した液や、番茶をひとつまみ加えた湯でタコを茹でると、茶のタンニンがタコの色素と結合し、きれいな赤色に茹で上がる。

飲んでみてかなりの渋味を感じるような濃いものを使用する方が良い。濃いお茶を飲むと口中が〝シワッ〟とした感じになるが、これは、口の中の粘膜がタンニンで固まったためである。何ともいえない渋味と苦味を強く感じるものだが、料理にはこのくらいの濃度が必要とされるのである。

茶のうま味とは？

ところで、茶は、[*5]タンニンの他にも料理に非常に効果のあるうま味成分をもっている。茶飯や茶粥などを考えればわかるが、米の味に茶を加えるだけでうま味を感じ、わずかな漬け物を添えるだけでおいしくご飯やお粥が食べられる。これは茶にうま味成分が含まれるからである。このような茶のうま味成分は日本茶に多く含まれるが、これは茶の木の栽培法によるものである。例えば、冬の間にチッ素肥料を多く与え、しかも茶の芽が出る前に木の上に覆(おお)いをかけて直射日光をさけた玉露のような茶には、多量のアミノ酸系のうま味が茶葉の中にできるのである。

ところで、茶飯や茶粥をつくる際に、いったん出した後の茶葉をさらに煮出して使うことが多いようだが、これは昔の貧しい時代に、費用をかけずに料理を作ったその名残りであると思われる。

単にうま味をつけるだけの目的ならば、いったん出した後の茶など使わずに、煎茶などうま味の強いものを使った方が、より味わいのある飯や粥になるからだ。

＊5 茶の成分
茶の品種や栽培法、茶葉の採取時期などの条件によって差はあるが、タンニン（渋味成分）、カフェイン（苦味成分）、アミノ酸類（うま味、甘味成分）、精油（香気成分）などを含む。

茶のうま味成分の上手な活かし方

茶のうま味成分は、〝グルタミン酸〟とグルタミン酸の化合物である〝テアニン〟[*6]と呼ばれる物質である。いずれも少し甘味をおびたうま味であり、特に緑茶に多く含まれる。番茶や紅茶、中国茶には、ほとんど含まれない。

グルタミン酸といううま味成分は、イノシン酸という、また別のうま味成分と合わさると、さらに強いうま味を感じるようになる。

イノシン酸を多く含む食品の代表はカツオ節だが、通常食べている魚や肉にもかなり含まれている。

イノシン酸は、生きている魚や処理したての肉にはあまり含まれず、死んで時間がたつほどに、その量が増えてくる。

最近の食肉や魚は輸入されたものが多く、また、短期間で肥育により太らせた家畜のものが出回っている。このようなものはうま味が少ないので、調理をする時にうま味を補うと良い。

この際、グルタミン酸などを主体とするうま味調味料を利用しても良いが、茶を使えば自然のグルタミン酸やテアニンのうま味を添加することができる。つまり、より自然のうま味をつけることができるのだ。

ただし、うま味を増やそうとして、ダシ汁やスープストックに茶を加えるのは良くない。なぜなら、タンニンが、液中に含まれるタンパク質を固めてしまうおそれがあるからである。

＊6 テアニン
茶のうま味成分のひとつ。アミノ酸類。テアニンは露天で栽培した茶よりも玉露や抹茶のような日覆いをして栽培した茶により多く含まれる。テアニンは一番茶に最も多く含まれ、二番茶、三番茶になるにつれ減少する。60度くらいの湯でほぼ溶け出してしまう。

〈牛乳〉の基本知識とおいしさを生かす秘訣

牛の種類と飼育の条件で牛乳の味に差が出る

牛乳とひと口にいっても、製品ごとにかなり大きな差がみられる。なぜ差があるのかというと、牛の飼育条件から容器に詰められるまでの経路、さらには容器の種類……と、じつにさまざまな要素が絡(から)み合っていて、それが、最終的な乳の風味の違いになってあらわれてくるからだ。そのため、牛乳ならどれでも同じだろうと思って料理に使用すると、仕上がりの風味にも影響してくるので注意が必要である。

日本では乳牛の種類[*1]としてはホルスタインが主流である。これに、最近ではジャージー種がかなり加わってきている。

ホルスタイン種というのは、白の地に黒の斑点のある、よく見かける乳牛である。一方のジャージーは、全体が薄い褐色なので、この違いは一見して身分けることができる。

●ホルスタイン

ホルスタインは、もともとが北欧の乳牛であるから、北海道など、気温の低い地域の方が飼育に適している。北海道の牛乳がおいしいといわれるのも、ホルスタインの適地で飼育されているからだ。加えて、北海道では乳牛の多くが広大な牧草地で飼育されているから、草を主に食べ、運動もかなりしている。だから、質の良い牛乳ができるわけだ。

牛乳は牧草で飼育した場合と配合飼料で飼育した場合とでは、香りに影響があるが、これは当然のことである。というのも、香り成分は、脂肪の中に溶ける形で存在しており、それが体内でも香りの部分はあまり変化せずに、乳の脂肪の中に入ってくるからである。

関連したことであるが、バターや生クリームは、牛乳の脂肪成分が主体だから、香り成分もほとんど入ってくる。脱脂乳が風味に乏（とぼ）しいのは、脂肪を含まないため、牛乳のもつ香り成分がほとんどないからである。したがって、調理に使用する乳製品は、品物の選択にかなりの慎重さが必要とされるのである。

乳製品に関しては、別の項目（162ページ参照）でも取り上げているので、ここでは牛乳そのものについてだけ考えてみよう。

先のホルスタインは、低温には強いが、高温には弱い。したがって、本州の中部以南の地域で飼育されているホルスタイン種の牛から搾（しぼ）った牛乳は、夏期には、乳質が落ちやすい。例えば、脂肪分が少なくなったり、乳量が減少することなどもあり、味のコクが薄いという感じがすることもある。

＊1　乳牛の種類
日本で生産される牛乳のほとんどはホルスタインから搾乳したもの。ジャージーと比較すると乳脂肪分はやや低いが、乳量が多いのが利点。ジャージーからは高脂肪の濃厚な牛乳が搾乳できるが、ホルスタインよりも乳量が少ないため、価格がやや高くなる。

牛乳は処理過程までの経路が大切なポイント

乳を搾(しぼ)った後の処理は、地域による差が大きいが、これは過去の例をみるとよくわかる。現在では乳質の良いものが得られる北海道でさえ、過去においては輸送の困難さから、大部分が乳脂肪と脱脂粉乳に分離して保存されていた。それを、夏期の牛乳不足の時に戻して、生の牛乳に加えて、補充用に使っていたのである。現在はそのまますぐに処理され、紙箱詰めや、LL*2（ロングライフ）牛乳としてかなり広範囲に出荷されるようになっており、風味の良い北海道の牛乳がどこででも入手できるようになった。

一方、大都市の牛乳処理場でパックされる牛乳は、ものによっては、かなりの長時間かけて、生乳のまま輸送されてくる。

搾った牛乳は5度に冷やして、保冷庫や保存タンクで輸送されてくるが、搾ったままの牛乳には、ある程度の細菌がいるし、牛乳中に存在する各種の酵素が働いて、殺菌までの間に、風味がかなり変化することはどうしても避(さ)けられない。

この点では、北海道でも同じことで、搾った場所と牛乳処理工場の距離が離れていて、殺菌までに時間を要したときは、やはり風味の低下を避けることは難しい。北海道の牛乳といえども、殺菌までの時間は、やはり他の地域と条件は同じである。

反面、牛乳が集約的に生産され、しかも短時間のうちに殺菌処理できる工

*2 LL（ロングライフ）牛乳
LLとはロングライフ（long life）の頭文字をとったもので、日もちが良いという意。日もちの悪い牛乳を長くもたせるためにふたつの工夫がされている。ひとつは、高温（130〜150度）で瞬間に殺菌する技術で、もうひとつは容器の工夫だ。紙の表面にポリエチレンフィルムとアルミ箔を重ねることで、常温のまま約2カ月の保存を可能にしている。食品衛生法でLL牛乳が常温保存可能と認定されているが、実際の流通（輸送・販売）については都道府県の規制があり、低温で扱われている。

場がある場合には、風味の良い牛乳を作ることができる。

　要するに、牛乳を搾ってから殺菌処理されるまでの時間と、近辺から集約的に牛乳を入手できるかどうかということが、風味の良い牛乳を生産する上で大切なことになるのである。

牛乳の種類の見分け方

　牛乳の製品を見分けるには〝表示〟[3]を見るのが最も良い手段である。表示には、牛乳の種類、そして生産地あるいは、殺菌処理した工場の所在地が記載されている。

　まず工場の所在地であるが、これは、牛乳の生産地に近い場所であるかどうかを見ればそれが判断できる。

　最近は、各地の牛乳が入荷している状況が、この記載でよく分かる。さらに、「公正」の文字が記載されていることを確認する。これは、公正規約[4]に基づいて牛乳の種類[5]が表示してあることを示すものだ。

　その表示の種類別の部分に「牛乳」とあれば、搾った牛乳をそのまま殺菌して詰めたものであるということを意味を示している。成分無調整[6]の文字があればさらに良い。

　もし、「加工乳」の表示があれば、搾ったままの牛乳に乳成分の何かを添加したり、乳脂肪を減量したりしたものである。例えば、乳脂肪が4％以上もあり、濃厚な感じの表現がしてある場合は、よく見ないと、それがジャー

*3　牛乳の表示
左にあるのは牛乳の表示の一例。同じ「牛乳」でも脂肪分や殺菌の時間に差があるので比較してみることも大切だ。なお、製造所所在地と製造者は、大手メーカーでは同一のことが多い。

種類別	牛乳
商品名	△△3.5牛乳
無脂乳固形分	8.3％以上
乳脂肪分	3.5％以上
殺菌	130℃ 2秒間
製造年月日	上部に記載
内容量	500ml
製造所所在地	○○県○○市
製造者	○○乳業○○工場
保存の方法	10℃以下で保存してください。

公正

ジー種のように濃厚な脂肪を含んだ乳を出す牛の牛乳なのか、乳脂肪を添加して濃厚にしている加工乳であるのか区別がわからない。

「加工乳」の表示があれば、明らかに、分離して保存してあった乳脂肪を添加したものである。

普通の牛乳のように見えるが「乳飲料」になっているものもある。これは、鉄分とか、ビタミンなどを添加したもので、こういったものは料理の材料としては不向きである。なぜなら、添加されたものの余分の風味が料理によくない影響を与えるかもしれないからである。

産地近くの工場で処理された牛乳で、表示が「牛乳」となっているものを使用するのが、最も良い結果を料理にもたらすと考えてよいだろう。

牛乳を料理に使うときの注意点とコツ

牛乳は、脂肪を含んだ材料であり、しかも、その脂肪が水に溶ける形の乳化をしている。これは、水を主体とする料理にとっては非常に好都合な条件である。なぜなら、脂肪が水になじみやすいということだからだ。

バターは、牛乳とは逆に脂肪に水が入り込んで乳化している形のものなので何らかの工夫をしないとならず、水を含む料理にそのまま使ったのでは、脂肪が表面に浮いてしまう。

ただし、牛乳には、タンパク質が含まれていて、これは、酸と合うと凝固してしまうので注意が必要だ。

4 公正規約
ここでいう公正規約とは厚生労働省の出す「乳及び乳製品の成分規格などに関する省令（乳等省令）」にもとづいて、乳業界が自主的に取り決めた「飲用乳の表示に関する公正競争規約」（公正取引委員会認定）のこと。この規約は商品名の表示など広範囲に渡って「乳等省令」よりもさらに厳しく細部に渡って規約を設けて消費者の便宜を計ろうというもの。

＊5 牛乳類の種類
法律（乳等省令）によって「牛乳」「加工乳」「乳飲料」に分けられている。
牛乳…生乳（搾ったままの牛乳）を殺菌したもの。
加工乳…生乳、牛乳、脱脂粉乳、濃縮乳、クリーム、バターなどを用いて加工し成分調整したもの。低脂肪乳、濃厚牛乳などがある。
乳飲料…コーヒーや果汁などを加えた嗜好タイプと、ビタミン、ミネラルなどを加えた栄養強化タイプがある。

例えば、トマトを加えて煮込む料理の場合、牛乳を加えてしばらくすると、もろもろとした牛乳の凝固物が混ざり、見ばえも低下する。

こういった場合は、少量の煮汁を別にとり、それに牛乳を加えて、フードプロセッサーなどでよく攪拌（かくはん）すると良い。フードプロセッサーは強力な刃と回転で、牛乳の凝固物を微細な粒子にまで砕（くだ）いてくれるから、煮込んだ料理にそれを加えても、凝固物が気にならないですむ。

なお、酸味のある料理に牛乳を加える場合には、牛乳の代わりとしてヨーグルトを使うのもひとつの手段である。

牛乳のタンパク質では、もうひとつ気をつけなければならないことがある。それはタンパク質は一般に、[*7]においを吸着しやすいということである。封を開いた牛乳の容器を、においのある食品材料の入っている冷蔵庫に入れておくと、そのにおいが牛乳に付着してしまう。そうした牛乳を料理に使ったのでは、風味の良い料理には仕上がらなくなるから注意が必要だ。

また、カレー粉など、強力なにおいをもつ食品を炒めているそばで、ゼリー菓子などに使う牛乳を処理したりすると、カレーのにおいが牛乳に付着する。その結果、菓子の方がカレーのにおいを取り込んでしまい、風味が低下してしまうことになる。

＊6 成分無調整牛乳
牛乳は牛の種類、季節、地域など様々な条件の影響で成分の変動があるため、脂肪分の調整（標準化）をすることがある。そういった調整をしていないものには「成分無調整」との表示がある。ただし、「成分無調整」の表示は法的に定められたものではなく、商品の特徴を説明したもの。表示がなくても成分無調整の場合もある。

＊7 においの吸着
魚やレバーを牛乳に浸しておくと生臭みがとれるが、これは牛乳中のタンパク質がにおいを吸着するためである。

〈ナチュラルチーズ〉の特性を料理に生かすヒント

なぜチーズが日本で好まれているのか？

日本では少し前まであまりなじみのなかったナチュラルチーズ[*1]だが、意外と短い期間に広く定着し、今では多彩な品揃えとなっている。短期間で普及した理由としては、日本人好みのうま味成分のグルタミン酸がまずあげられる。一方で、ナチュラルチーズには特有の香りがあるから、これに対して慣れない人が存在することも事実である。チーズの香りになじみにくい人というのは、青年期までにナチュラルチーズの風味に親しむ機会のなかった人ということができそうだ。

ひと昔前まではナチュラルチーズは一般に高価で、なかなか購入しにくかったし、日本製のチーズは、原料を輸入して、それを加工し、風味を調整したプロセスチーズが主流であった。

プロセスチーズは、周知のように、ナチュラルチーズを原料にして、それ

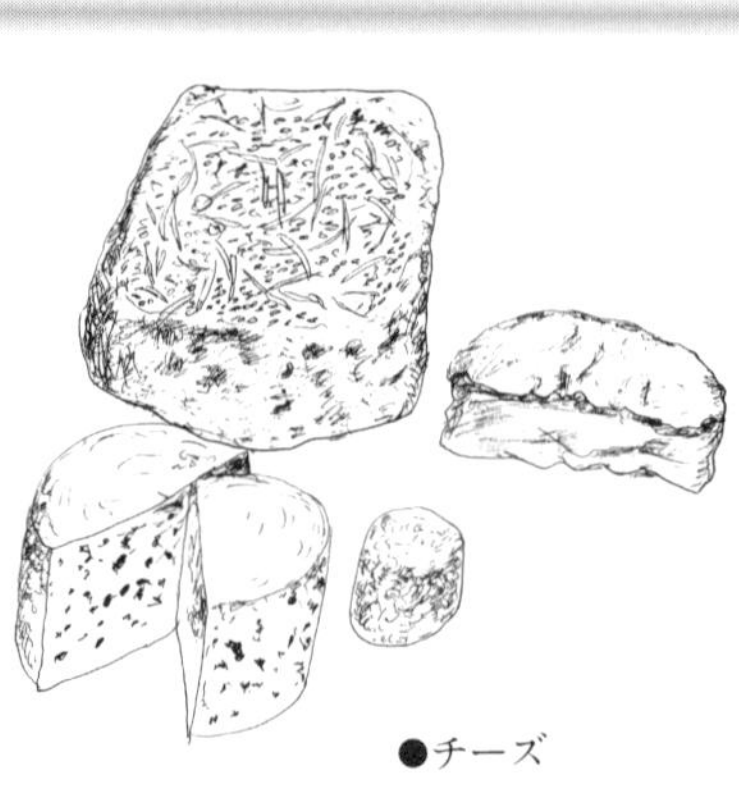

●チーズ

をいったん溶かし、調味などして、再度固形にしたものである。原料のナチュラルチーズは何種かを混合するし、さらに調味するから、本来のチーズが持つ風味はなくなっている。プロセスチーズでは、ナチュラルチーズが持つ独特の風味を味わえないということになる。それだけに、プロセスチーズでチーズの風味を覚えた人は、ナチュラルチーズの風味を受け入れにくい場合もあるということとなる。

　一方、プロセスチーズをあまり経験しないで、ナチュラルチーズの風味を覚えた人にとって、ナチュラルチーズは大きな魅力のある食品となっているようだ。その上、ナチュラルチーズには、グルタミン酸の量が非常に多い。これが、日本人の嗜好にぴったりなのである。

日本人の嗜好と〝グルタミン酸〟

　日本人の好む味の中に、うま味があり、中でも、グルタミン酸に対する嗜好がずば抜けて強いものがみられる。それは、長い期間、グルタミン酸のうま味が強い食べ物に慣らされてきたからだろう。

　例えば、日常よく使用する調味料では、味噌、醤油ともにグルタミン酸がうま味の筆頭成分である。清酒のような嗜好品でも、味覚にまず感じられるのはグルタミン酸の味である。

　また、ダシに使用する昆布も、うま味の主成分はグルタミン酸である。さらに、日常よく飲まれる緑茶のうま味も、グルタミン酸とグルタミン酸の化

＊1　チーズの種類
チーズは原料乳、製造方法などの違いによって世界中に数百種類あるといわれている。大きくナチュラルチーズとプロセスチーズに分けられる。乳を酵素と乳酸菌で自然に発酵、熟成させたものを〝ナチュラルチーズ〟と総称する。地方色が豊かで、カマンベールチーズ（フランスのカマンベール地方）、ゴーダチーズ（南オランダの地名）のように原産地の地名をつけたものが多い。〝プロセスチーズ〟は複数のナチュラルチーズを配合、加熱処理して固めたもの。日本では一般的だが欧米ではナチュラルチーズが主流。ナチュラルチーズの分類法とその代表的な種類は次の通りで軟質と硬質に大別される。
①軟質チーズ…カッテージチーズ、カマンベールチーズ
②半硬質チーズ…ブルーチーズ、ブリックチーズ
③硬質チーズ…エメンタールチーズ、チェダーチーズ、ゴーダチーズ
④超硬質チーズ…パルメザンチーズ

合物であるテアニンから成っている。以上のことからわかるように、日本人の日常の食生活は、グルタミン酸のうま味なしでは成り立たないともいえるくらいだ。グルタミン酸を多く含むナチュラルチーズは、香りの点さえ解決できれば、味については何の問題もなく日本人に受け入れられる要素をもっている食品である。

香りについても、初めからナチュラルチーズになじんできた人なら、簡単に慣れてしまうと思われる。なぜなら、スルメや塩辛、納豆といったかなり特有の風味をもつ食品でも、慣れている人にとっては抵抗がないし、それどころかかえって良い風味と感じるからである。

ナチュラルチーズも同様で、初めから慣れてしまえば、グルタミン酸の味とともにその特有の風味で、魅力のある食品となることは間違いない。

では、ナチュラルチーズにはどの程度のグルタミン酸[*2]が含まれているのかというと、硬いタイプのチェダーチーズで、100グラム中に、5400ミリグラムとケタ外れの量が含まれている。こんなにグルタミン酸を含む食品は調味料を除いては、他にないといっても良いくらいだ。

チーズのもうひとつの魅力は〝脂肪〟にある

チーズの持つもうひとつの魅力はなんといっても脂肪である。チーズの脂肪含有量は、ナチュラルチーズで、25～30％もある。しかも、舌の上でとろりと溶ける感触の良い脂肪だ。これは、料理にとってプラスに作用するもの

＊2 グルタミン酸の含有量
昆布の場合、素干しにした真昆布で、100g中に含まれるグルタミン酸の量は1700㎎。また、米味噌（辛味噌）100g中に含まれるグルタミン酸は2200㎎である。これと比べても、いかにチーズに含まれるグルタミン酸の量が多いかということがわかる。その他の食品のグルタミン酸の量については75ページ参照のこと。

である。

脂肪はギラギラした状態だと、しつこいと感じられるが、舌の上でとろりと溶けるような状態で、しかもギラギラと脂肪が浮いていない場合には、味覚に非常に良い感触を与える。ナチュラルチーズは、この良い感触の脂肪を持つ食品である。

その上、チーズは、加熱[*3]すると溶けやすいから、各種の料理に加えたり、ふりかけたりするなど、幅広く利用することができる。そして、チーズを使うことで、グルタミン酸の味と、独特の風味を料理につけることができるから、一見すると洋風の料理のようでありながら、グルタミン酸のうま味を持った和風の料理を作ることもできる。

それとともに、チーズの大きな利点は、非常に種類が多いということである。とくに、ナチュラルチーズは、同じ名前のチーズであっても、国や風土の違いによって、あるいはそれを作った人により、それぞれ独特の風味をもっているから、それを生かして使えば、オリジナリティーの高い味を作り出すこともできる。

チーズは体を暖める！

チーズの効用のひとつに、多く食べると体が暖かくなることがあげられる。だから、ビールのような冷たいアルコール飲料と、チーズがたっぷりのピザがよく合うのであろう。

＊3 加熱で溶けるチーズ
ナチュラルチーズが加熱により溶けるのは、粘着性の強いカゼイン（チーズ中のタンパク質）を形成するアミノ酸の鎖がほぐされるため。一度溶けてから固まったものは再加熱しても溶けない。プロセスチーズがとろりとしないのは加熱加工されているからである。プロセスチーズにも溶けるタイプのものがあるが、これは原料のナチュラルチーズを半加熱して製造し、再加熱すると溶けるようにしているもの。

チーズの体を暖める作用は、タンパク質によるものと、チーズを発酵熟成させたときにできるアミンの一種で〝チラミン〟と呼ばれる物質によるものである。タンパク質は、体温を上昇させる働きが大きいから、それが体を暖めることは間違いない。しかし、それだけではチーズを食べると体が暖まる理由としては納得できない。やはり、それ以外に体を暖める何かがチーズに含まれていると考えるのが適当である。その物質として考えられるのがチラミンである。

温めたワインの中でチーズを溶かして、それをパンにからめて食べる「チーズフォンデュー」という料理がある。スイス特有の料理で、スキーなどをして戻ってきたときに良く合う。チーズフォンデューを食べると冷えた体が暖まり、体の芯までほっとした感じになるが、こういった効用を積極的に利用して、料理を作るのも一法である。ただし、チーズフォンデューの場合には、エメンタールチーズのような、ワインに溶けるチーズでないとうまくいかない。

チーズはそれだけで料理になるのも魅力

チーズの良さは、チーズそのものが料理になる点である。例えば、チーズを何かで包み、衣をつけて揚げれば、中のチーズは、とろりと半溶けの状態になり、口当たりの良い料理ができる。この場合は、熱で溶けるチーズを選べば、特有の風味を持つ料理を作ることができる。これは、何も洋風の料理だけではない。

和風の料理でも、中国風の料理にでも応用できるし、工夫次第ではレパートリーがぐんと広がることになる。

フランスなどヨーロッパの国々では、いろいろなチーズを食後のデザートとして出す習慣があるが、食後のチーズの味もまた良いものである。各種のチーズをデザートとして、和風の料理の後に食べてみるのもなかなかおつなものである。

和食のデザートにチーズは合わないと思う人も多いだろう。驚かれる組み合わせかもしれないが、ちょっと前までは和風の朝食にトマトジュースやコーヒーを組み合わせるのはおかしな取り合わせと考えられていたが、今ではそう不思議ではなくなっている。習慣というものは恐ろしいもので、どんなにおかしな組み合わせと考えられるものでも、慣れてしまえば、とくに不思議でも何でもなくなってしまう。

料理は、このように自由な組み合わせが可能であるし、現在の日本のようにいろいろな国の料理が混在する国では、新しい食材を料理に組み込むことは可能であろう。だからこそ、いろんなチーズ[*4]を料理に活用して冒険してみると面白いし、こうした工夫を凝らすことがまたひとつの新しい料理を生み出す手段だと思われる。

＊4 チーズの保存方法
どのチーズも開封後はできるだけ早く食べきるのが原則。保存する場合は乾燥を防ぐため切り口をラップフィルムで包み冷蔵庫（10度以下）へ。冷凍保存は向かない。種類により開封前の保存期間が違う。一般に水分の多いフレッシュタイプは短かく、硬いチーズは長い。表示してある賞味期限を参考にするとよい。開封前も冷蔵庫（10度以下）で保存すること。粉チーズは室温でよい。冷蔵すると湿気で固まりやすい。
（日本乳業協議会「牛乳・乳製品消費者相談室資料」による）

〈酸乳製品〉の知識と使い方のポイント

酸乳製品の特徴

酸乳製品（発酵した乳製品）は、近年日本でも料理に多用されるようになってきている。代表的なものには、ヨーグルト[*1]、発酵バター[*2]、サワークリーム[*3]などがある。また、日本ではあまり使われていないようだが、クバルクといってカッテージチーズによく似た食品もあり、ヨーロッパなどでは代表的な酸乳食品として料理やデザートに使われている。酸乳製品の特徴としては、料理に加えることで、味に深みを与えたり、塩味をマイルドにするなどの効用があげられる。

また、酸乳製品のうちサワークリーム、発酵バターなどのように脂肪含有量が多いものは、料理に加わると味が濃厚になるという特徴もある。さらに、脂肪の乳化の働きにより、脂肪自体が料理に溶け込んで、塩味をまるくするといった効果も期待できる。

●サワークリーム

酸乳製品が料理の味を良くするのはなぜか?

発酵した乳製品を料理に加えると料理の味が良くなる理由として、発酵した乳製品は酸性の食品だという点があげられる。

ヒトの味覚には、やや酸性のものの方がおいしく感じるという性質がある。pH（ペーハー）でいうと、中性が7.0で、これより数値が低くなると酸性となり、高くなるとアルカリ性となる。

料理の味がおいしく感じられるのは、pHが4から6の間くらいの少し酸性に傾いたときである。アルカリ性では、寝ぼけたような味となり、味が良いとは感じられない。

発酵した乳製品の酸味は乳酸[*4]によるものだが、乳酸はかなり強い酸性である。だから乳酸を含む食品を料理に加えると、料理自体が酸性になり味に良い影響を与えることになるわけだ。

ちなみに乳酸は、乳製品を乳酸発酵させることで生まれるもので、乳の中の乳糖が発酵により変化したものである。

乳脂肪のもつ特性

乳脂肪は、他の脂肪とは異なる特性をもっている。それは、飽和脂肪酸[*5]が多いのにもかかわらず、体温以下で溶けるということである。

一般に、固体は液体に変化する際に融解熱が生じるが、その時に熱量は吸

＊1 ヨーグルト
牛乳や脱脂乳に乳酸菌や酵母を作用させ、発酵させたもの。乳酸菌の酵素がタンパク質の一部を分解しているため、牛乳より消化吸収が良い。

＊2 発酵バター
原料となるクリームを乳酸菌を用いて発酵させて作ったバター。特有の芳香があり、主に料理用として欧米諸国で使用されている。

＊3 サワークリーム
生クリームを乳酸発酵させたもの。爽快な酸味がある。ボルシチやシチューに加える他、製菓材料としても用いられる。

収される性質をもつ。

脂肪が口中で溶ける時にも、口の中の熱を吸収する。乳脂肪を含む乳製品を口に入れると、口中の熱が吸収され、その結果、爽やかな感じがするわけである。

乳酸発酵させた乳製品を料理に加えるとおいしく感じるのは、先に述べた酸味の効果に加えて、脂肪が溶けるときの爽やかさがあるからなのである。

また、脂肪が体温以下で溶けるということは、かなりの量の乳脂肪を料理に加えたとしても、さほどしつこさを感じさせないという利点にもつながっている。脂肪を多く含んだしつこい味の料理に、サワークリームを加えると、かえってさっぱりするが、これは以上のように、乳酸の酸味と乳脂肪の効果がプラスしていると思われる。

乳脂肪の乳化の効用

乳酸を含んだ酸乳製品は強い酸性の食品であるにもかかわらず、ヨーグルトやクバルク以外ではそれほど酸味を感じないが、これは酸乳製品に脂肪が含まれているからである。そして、その脂肪自体が乳化していることも大きく関係している。乳化とは、水と脂肪が結合して一体となった状態を指す。普通、水と脂肪とを混ぜても、分離するだけで乳化は起こらないが、乳化剤があれば水と脂肪とを結合させることができる。

乳には天然の乳化剤が含まれているため、乳製品の多くは乳化している状

＊4 乳酸
乳酸菌が糖類を分解して生成する物質。ヨーグルトや漬け物などの酸味の主成分。

＊5 飽和脂肪酸
脂質を構成する脂肪酸のうち、炭素間のつながりに二重結合のない脂肪酸。バター、ラードなどの動物性食品の油に多く含まれ、これらを多く摂りすぎると、血液中の中性脂肪が増加する傾向がある。

態となっている。そのため、乳酸発酵させた乳製品を料理に加えると、乳化している脂肪がうまく料理に溶け込んで、良い味になるのである。

上手なバターの使い方

乳脂肪にはプラスの側面が多いが、バターの場合は、牛乳やヨーグルトの脂肪とは性質が異なるということを知っておきたい。

バターは他の乳製品とは乳化[*6]の形が違うので、効用という点でも異なってくる。牛乳やヨーグルトの乳化は、水に脂肪が溶け込んだ形をしているのだが、バターの場合は、反対に脂肪に水がに入り込んだ形の乳化なのである。つまり、バターは脂肪には馴染(なじ)みやすいが、水には馴染みにくい性質をもっているということである。だから、でき上がった料理にバターを加えると、脂肪が料理の上に浮き上がった状態になるのだ。こういった状態だと、料理をしつこく感じさせる原因になりやすいので注意がいる。

ただし、料理の風味づけとしてバターを使う場合は別である。その場合もやはり普通のバターよりも発酵バターを使う方が良い。それは、バターの良い風味とともに、発酵により生じた乳酸の酸味が料理に加えることができるからである。

乳酸発酵した乳製品の魅力は〝風味〟にある

乳酸発酵した乳製品には、乳や普通のバターなどのように発酵しない乳製

＊6　乳化
通常は混ざらない水と油が結合し、均一に分散した状態。マヨネーズのようなO／W型（水中油滴型＝水の中に油が溶けこんだ状態）とバターのようなW／O型（油中水滴型＝油の中に水が溶けている状態）のふたつがある。乳化は乳化剤をなかだちにして行なわれる。マヨネーズは卵黄のレシチンが乳化剤となり、酢と油が結合したもの。乳化すると、水に溶けた味が油に包み込まれるので料理の味がまろやかになる。

品にはない大きな魅力がある。乳酸の酸味の効果や、乳脂肪の作用については前述したが、それ以外の魅力として、さらに発酵乳製品のもつ独特の風味があげられる。

食品は発酵という過程を経ると、微生物の繁殖とともに材料に含まれている成分の一部が変化し、独特の風味が形成されてくる。当然ながら食品材料の種類によって、異なる風味が生まれるのである。

例えば、乳を発酵させると、乳成分や乳がもともともっている風味などが加わった食品に生まれ変わるわけだ。

乳といっても牛乳に限らず、山羊[*7]、馬[*8]などの乳だと、それぞれに独特の風味があるから、乳酸発酵させた乳製品の風味は、同じ乳酸発酵という過程を経ているのにもかかわらず、それぞれ違うものとなる。

また、同じ牛乳であっても、乳牛が与えられていた飼料の種類によっても乳の風味は異なってくる。

例えば、配合飼料だけを与えられた牛と、青草や干し草を主に与えられた牛では、その牛乳の風味は大きく異なってくる。

さらにクリームとなると、牛乳をクリームと脱脂乳に分離して保存した後発酵させたものと、ストレートの牛乳や新鮮な牛乳からクリームを分離し発酵させたものとでは風味に大きな違いが出てくる。もちろんストレート乳を使ったものの方が風味が優れているのはいうまでもない。

ヨーグルトになると、その差はもっとはっきり出てくる。ヨーグルトの場

＊7 山羊乳
牛乳より脂肪、タンパク質、無機質のカルシウム、カリウムを多く含む。特有のにおいをもつ。チーズや飲用にされる。カフカス（コーカサス）地方には山羊乳を発酵させて作るケフィア（kefyr）という飲料がある。

＊8 馬乳
生産量が少ない。牛乳に比べ、タンパク質、脂肪が少なく乳糖が多い。中央アジアのキルギス人やタタール人はクミス（kumys）という馬乳酒にして飲用する。

合は風味だけでなく、口当たりにも差が生じるからである。分離保存した牛乳を再び戻した加工乳を使用した場合と、ストレート乳を使用した場合では風味も口当たりも大きく異なる。その際には、乳脂肪の含有量によっても大きな違いが出てくる。

ヨーグルトはストレート乳で、しかも乳脂肪の無調整のものを発酵させたものが最も風味が良い。口当たりにも、他にはないものが感じられる。乳脂肪を調整して低脂肪にした乳を使ったヨーグルトにはコクがなく、料理に加えたときに、どこか物足りない風味となる。

酸乳製品が、もとになる材料によって風味に違いが出るのは、風味をつくりだす成分に脂肪が大きく関与しているからである。風味の材料は、多くが脂肪によるものなのである。[*9]

加工乳よりもストレート乳の方が風味が良い理由として、他に酸化の問題も考えられる。

乳脂肪は保存することにより、酸化などの変化が起こる。その結果、保存した乳脂肪だと、ストレートの乳とは違い、いくらか脂肪に変化が起きていると考えられる。

酸乳製品は料理の風味の向上に大きく貢献するし、幅広い料理に利用することができる。だが、使用するときには、酸乳製品の材料成分や特徴などがどのようなものであるかをよく見極めることが、何よりもまず大切なことといえよう。

＊9 良い風味を出す物質
酸乳製品の良い香りを出す成分に、「エステル」といって、酸とアルコールが結合した物質がある。乳酸発酵するときにできる脂肪酸とアルコールが、微生物の酵素の働きでエステルになると考えられる。エステルは他に、リンゴやバナナ、桃、ジャスミンなどの果物や花の芳香の主成分でもある。

料理をおいしくする〈ワイン〉の働きと活用のコツ

赤ワインの特徴は〝酸〟と〝タンニン〟にある

酒類の中で、幅広く料理に使用されるのがワインである。ワイン[*1]には、赤と白、それにロゼがあるが、料理に使われるのは主として赤ワインと白ワインである。ロゼは甘味が強いこともあり、料理に使われることは少ない。

赤ワインの特徴は、酸味が強く、さらに渋味があることである。酸味は酸類によるものであり、渋味は〝タンニン〟の味である。これらの成分が、料理の材料に影響を与えるのだ。また、赤ワインは、名の通り赤い色がついているが、これはアントシアン[*2]という色素によるもので、かなり着色性が強い。

まず、赤ワインの酸について述べると、これは、原料のブドウから出たものである。ブドウの酸は皮と種の近くに多く含まれているが、赤ワインを造るときには、皮と種をそのまま使うため、自然と酸が多くなるわけだ。ロゼ

●葡萄［ブドウ］／ブドウ科
Vitis spp.

のように、赤ワインの発酵途中で果汁を搾（しぼ）れば、酸味が強くなく、穏やかな味のワインができるが、これは、酸の多い部分が除去されてしまうからだ。

次に、酸の働きだが、肉料理のソースに赤ワインを使うと、酸味が加わるため、食べたときに脂肪のくどさを感じないという効果がある。赤ワインを使ったソースで肉を煮込んでも同様の効果がある。

また、生の肉に赤ワインを振りかけておくと、肉の表面が酸で固まり、うま味の多く含まれている肉汁が調理中に逃げないから、うま味の濃厚な肉料理に仕上がる。肉はタンパク質でできているが、タンパク質は酸にあうと凝固する性質がある。そのため、肉に赤ワインを振りかけてしばらく置くと、肉の表面のタンパク質が固まり、内部の肉汁が逃げなくなる。これは、肉を煮るときに赤ワインを加えても同様である。肉を煮る場合には、温度が高いので、タンパク質が強く固まり、肉はよくしまる。しかし、ワインには[*3]アルコールが13%程度含まれているから、アルコールの作用で、肉はあまりかたくしまり過ぎない。ワイン程度のアルコール濃度の場合には、肉のタンパク質はいくらか柔らかくなる性質があるので、酸で強くしまっても、それを和（やわ）らげてくれるのである。

なお、ワインの酸は酒石酸[*4]やクエン酸[*5]が主で、これらの酸は、醸造酢の酸であるサク酸のように蒸発しないから、煮ても酸が残り、煮ている間中、肉に作用するのである。

次に渋味成分のタンニンであるが、これも、タンパク質を固まらせる作用

＊1　ワインの種類
「赤」「白」「ロゼ」に大別されるが、赤ワインは果皮が黒色系のブドウを主原料とし、果皮、果肉、果汁、種子を一緒に発酵、醸造したもの。白ワインは果皮が緑色や黄色系のブドウを主原料とし、圧搾した果汁を発酵させたもの。ロゼワインは赤ワインの発酵期間を短縮し色を浅くして作る場合と、白ワインと同じ製法で作り、黒ブドウの果汁を加えてピンク色にするものもある。

＊2　アントシアン
植物に含まれる赤や紫の色素。紫玉ネギ、イチゴ、ナス等にも含まれている。（93ページ参照）

＊3　アルコールの働き
ワインだけでなくアルコール飲料のうち度数の低いものは、一般に肉類を柔らかくする働きがある。逆にアルコール度数の高い酒類では肉をしめる性質がある。

がある。タンニン[*6]は酸よりも作用が強く、その点で、タンパク質も変化する。だから、赤ワインで煮た肉は、タンニンと酸が共に働くので、保存性がいっそう良くなる。

例えば、ロースハム丸ごと一本を赤ワインで煮るとする。しかも、煮詰まるまで加熱すると、一週間くらいは冷蔵庫でもつから、少しずつ切って供することができる。

酸性だと細菌が繁殖しにくいし、タンニンで肉がしまっている上、十分加熱してあるから保存性が出るのである。

なお、酸性で加熱すると、ほとんどの細菌は短時間で死滅するから、肉類を赤ワインで煮るということは、料理に安全性をもたせることにもつながり好都合である。

それから、赤ワインの色素であるが、タンパク質を強く染めるので、材料に赤い色がつきやすい。赤身の肉には良いが、白身の魚や肉が赤紫色に染まったのでは、料理としての価値が低下するから、白い色を生かしたいときには赤ワインは使わない方が良い。

白ワインの特徴は穏やかな酸と糖分

白ワインは酸を含んでいるが、赤ワインほどは強くない。なぜかというと、白ワインは、ブドウを搾(しぼ)り、汁だけを発酵させて造るからである。つまり、皮と種の近くの部分は除いてあるからだ。しかも、赤ワインほど強く発

＊4 酒石酸
主にブドウに含まれる酸で少し渋味がある。酸味料のひとつとして清涼飲料、ゼリー、ジャムなど加工食品に広く利用されている。普通ワインの製造中に析出される。

＊5 クエン酸
酸味の強い成分で、柑橘類に多く含まれる。この酸も清涼飲料やジャムなどの加工食品に広く使われている。

＊6 タンニン
茶葉に多く含まれる成分で収れん作用と渋味を有する。（144ページ参照）

酵させてないから、赤ワインに比べて、糖分がいくらか残っている。それだけに、ほのかな甘味がある。

白ワインは、この穏やかな酸と糖分によって料理に影響を与えるから、その性質を利用して使う必要がある。

まず酸であるが、これは、赤ワインでも説明したように、タンパク質に作用して、それを固める性質がある。しかし、糖分を含んでおり、糖分にはタンパク質を柔らかくする作用がある。したがって白ワインは、タンパク質でできている肉や魚の身をかたくしめることはない。

さらに、白ワインは、赤ワインと違って色がつかないから、鶏肉や白身の魚を処理するのに適している。しかも、適度にタンパク質を固め、糖分が保水作用をもつので、しっとりとした感じが料理に残る。

この場合、身の中にまで白ワインが浸透している方が良いので、白ワインを振りかけた後、しばらく置くことが必要である。また、白ワインの中にもアルコールが赤ワインと同程度含まれているから、これも、身を柔らかく仕上げる効果がある。白ワインの酸は赤ワインのように多くないし、タンニンも含まないので、白ワインで処理し加熱した肉類は保存性はよくない。この点は、赤ワインと白ワインとの差である。

ワインの香りは品種で差がある

ワインには、それぞれ独特の香りがあるが、それは、ブドウの品種の差が大きい。赤ワインを作る材料に用いられるのは、濃い赤紫色のブドウである。中にはピノノアールと呼ばれる黒色に近いブドウもある。これは、フランスのブルゴーニュ地方でとれるもので、他の地域ではこの品種は少ない。その他赤ワインに使われるブドウとしては、カベルネソーヴィニヨンやマスカットベリーAといったものなど、他にも種類が多く、それぞれ個性のある香りをもっている。香りは、料理の風味にも影響を与えるから、赤ワインを利用するときには注意が必要である。

白ワインも赤ワインと同様にワインごとに独特の風味をもったものが多い。日本で比較的多く出回っているのはリースリングという品種のブドウを使ったもので、ドイツのワインは、多くがこの品種のものである。

白ワインは赤ワインより香りのおとなしいものが多く、その点では、赤ワインのように、料理に大きく影響するものではない。

どのような香りであれ、ワイン[*7]に共通しているのは、生臭みを消す力があるということである。これは、ブドウの香り成分による作用もあるが、さらに大きいのは、ワインを醸造しているときに醸(かも)しだされる成分によるもので、これが生のブドウとの違いである。

ワインと清酒の差

ワインも清酒も、料理によく用いられるが、それよりもまず、食事酒として出される頻度(ひんど)の高いものである。ところが、ワインと清酒とでは、料理に

＊7 ワインの使い方
ワインを肉類のくさみ消しとして使う場合は、材料に十分にしみ込ませることが大切である。そこで、ワインを使ってから15分~30分はおくようにしたい。一方、香りづけに使う場合は、火を止める直前にふりかけ、アルコールを蒸発させると、その熱で香ばしい香りをつけることができる。

対して大きな差異がある。

まず、清酒であるが、肴（さかな）という言葉があるように、酒の菜、つまり、酒の添え物が必要である。清酒は、料理を選ぶということだが、相性の良い料理と、そうでない料理がある。

反対に、料理を選ばないのがワインである。料理と共にワインを飲んでもらえば、どの料理でもかなり味が良いと判断される傾向がある。ワインには料理をおいしくする働きがあるようだ。

ところで、ワインでも清酒でも、少し塩味の効（き）いている料理の方がよく合うようだ。極端な例であるが、清酒をマスで飲むとき、マスの縁（ふち）に食塩を少しのせて、それをなめながら清酒を味わうことがある。この場合、食塩が肴になっている。

ワインの場合も、バゲットなどの塩味のパンにバターをつけて食べながら飲むと、よりおいしくなるのも似たようなケースである。

そこで、ワインが食卓に出される場合の料理の味つけは、単に食塩の量を多くするのではなく、食卓で塩をふるなどして、塩味がある程度はっきりわかるような味つけにすると良い結果が得られるようで、料理もワインともともに引き立つようだ。

とくに、赤ワインの場合は、酸味が強いから、この関係はさらにはっきりする。口の中で、ワインの酸味が料理の塩味ととけ合って、まるみのある味＊8になるからだ。

＊8 まるみのある味
酸類には塩味をまるくする働きもあるため、赤ワインを使うと塩味の尖りを抑える効果がある。

みりん

ワインが西洋料理の味づくりに欠かせないように、みりんと清酒は日本料理の重要な調味料である。ウナギの蒲焼き、ブリの照り焼き、煮魚など、とくに魚貝の料理でみりんや清酒が調味や仕上がりに効果を発揮している。

みりんの働き

みりんを用いた料理の特徴は、砂糖とは違ったおだやかで風味豊かな甘味があること、みりんに含まれるうま味や香りが、料理をコクやまるみのある味に仕上げることである。さらに、照り焼きなどの焼き物では、みりんを用いることによってメラノイジン反応による美しい焼き色と照り、おいしい香りが得られる。

みりん自体の風味の豊かさは、発酵によってアミノ酸、糖分、香りなどの多くの成分が生成されるためである。これは醤油や味噌などの発酵食品に共通する性質で、料理のかくし味に用いてコクや深みをつけることができる。

魚料理にみりんを用いると魚の生臭さを消すことができる。イワシやサバの煮魚、ウナギの蒲焼きなど、みりんがにおい消しに大きな役割を果たしている。みりんがにおいを消す仕組みは、みりんに含まれる香り成分が魚の生臭みと結合したり、臭みをカバーすると考えられている。実際の調理ではみりんとともに、醤油のにおい消し効果、濃厚な味つけ、ショウガやサンショウの香りなどとの共同作用によって魚のにおいを消し、味の仕上げをしている。ちくわ、かまぼこ、すり身などの加工食品でも、におい消しにみりんが欠かせない。

本みりんとみりん風調味料

本みりんは酒の1種。蒸したモチ米、米こうじにアルコールを加えたもろみを発酵・熟成して搾ったもので、これが本来のみりんである。アルコール分は約14％で、酒税がかかる。みりん風調味料はみりんに含まれる成分を配合してみりんに近づけたもので、発酵・熟成による風味が欠けている。そのために、魚などのにおい消しの効果が小さい。

みりんタイプのものには別に「発酵調味液」という品名表示の調味料がある。これは発酵してみりん風に作るが、価格を下げるために塩を約2％加えて酒税対象外とし、米以外に糖質やタンパク質などが使用される。本みりんに近い風味があるが、塩味の調節が必要である。

みりんと清酒の使い分け

清酒にもみりんと同じように醸造によって作られた旨味や香り、酸味などの成分が含まれ、料理に良い風味とコクや深みのある味をつけることができる。また、魚などの臭み消しにも効果がある。みりんとの大きな違いは清酒には甘味が少なく、酸味を含む点で、料理では両者の使い分けが行なわれる。

みりんの代わりに清酒に砂糖を加えた場合、みりんの甘味よりも後にひく強い甘味を感じる。清酒による生臭み消しの効果はあるが、焼き物の照りや焼き色はみりんの方が効果的。

アルコールと調理

みりんや清酒に含まれるアルコール分は、料理の味として残ると刺激的な味が料理をそこなうことになる。煮る、焼くなどの加熱調理ではアルコール分が蒸発するので問題はない。たれやつけ汁、練り味噌、合わせ調味料などにみりんを直接加える場合には、あらかじめみりんを加熱してアルコール分を除く処理、つまり煮きりみりんにする。みりんを加熱するとこうじ臭などの香りもおだやかになり、旨味や甘味が濃縮され、照りが生じる。

第3章

味を良くする調理の知識

おいしさの大きな決め手は〈テクスチャー〉にある！

味の60％以上を占めるテクスチャーの重要性

おいしさにはいろいろの要素がある。色、味、香り、噛みごたえ、温度など、これら多数の要素が重なり合って最終的な味が作り出されているのである。その中でも、味に重要な影響を与えるのが〝テクスチャー〟である。

テクスチャー[*1]とは、料理を口に入れたとき、唇、口内の粘膜、歯、喉ごしなど、口の中の各部分で感じる弾力や滑らかさなどの感触のことである。

テクスチャーという言葉は、もとはギリシア語で、〝織り成す〟という意味である。衣服でいうと肌合いや風合いといった着心地のようなものを指し、食べ物でいえば〝食べ心地〟のようなことである。織物の風合いが着心地に影響するように、食感（テクスチャー）は料理の味を支配するのである。

一般においしさの60％から65％はテクスチャーによって占められていると

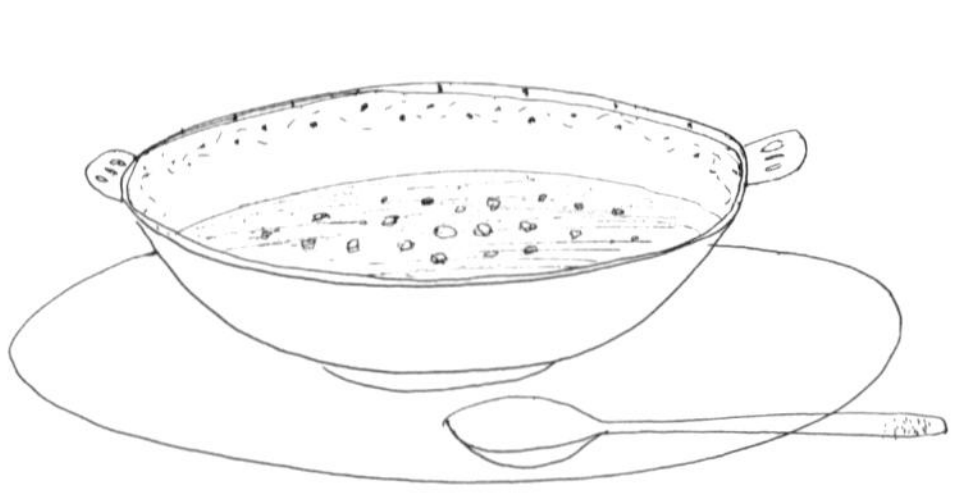

考えられる。イギリスやフランスでチーズの格付けをする際には、感触の採点が、全体の30％から40％を占めるほどである。中にはご飯やかまぼこ[*2]のように、おいしさの70％から80％がテクスチャーによるものもある。テクスチャーが良くなければどんなに味が良い料理を作っても、それがおいしい料理とは判断されないのである。

滑らかすぎるとおいしくない！

食味を評価するときに、よく「滑(なめ)らかで口当たりが良い」というが、じつはあまりにも滑らかすぎると、おいしいとは感じられないものである。

例えば、葛(くず)デンプンを煮溶かした葛湯の感触を考えるとよくわかるだろう。もし、葛湯に甘味などの味がつけてなかったらどうであろうか。まったくどこにも、おいしさは感じられないだろう。これはあまりにも滑らか過ぎると口のどこにも刺激らしいものを受けないために、おいしさを感じられないのである。

一般の料理の中でも滑らかなものとしては、コーンスープやクリームスープがあげられる。これらは滑らかではあるが、いくらかのざらつきも感じられる。コーンスープの場合、半つぶしのコーンが入るとスープの口当たり、つまりテクスチャーが変わって別の味が感じられるし、クルトンなどを浮かせると、また違う味わいになる。

コンソメのようなサラッとしたスープも同様で、どういう浮き実が加わる

*1 テクスチュロメーター
テクスチャーを数値で判断するための測定装置で、人間が口で噛むのと同じように、噛んだり、こねたりを想定して、数値で表わす。ただし、人間の判断とは若干の違いがみられる。

*2 かまぼこの粘弾性
かまぼこを評価するもののひとつとして、弾力の善し悪しがあるが、これは使用する材料によって、差が出る。グチを使うと弾性が良くなり、タイやハモでは味は良くなるが、弾性が弱い。弾性、味ともに良いのがエソという魚である。

かで、味に差が出る。コンソメの具として野菜が入ると、味が変わるし、その野菜の切り方ひとつでも味に変化を与えることができる。だから、具がたくさん入るスープの場合は、それぞれの材料のテクスチャーが味に大きな影響を与えていることを考慮に入れて調理する必要があろう。

また、アイスクリームを例にすると、プレーンなものに砕いたナッツを加えるだけで味わいがかなり良くなる。これは、ナッツの風味が味を良くしていることも考えられるが、口当たりによるおいしさが感じられる点の効果が大きい。これなどは、明らかにテクスチャーの変化が、味覚に感じる味を変えたといえよう。

テクスチャーの違いで刺身の味わいも変わる

次に、魚を刺身にする場合を例に、テクスチャーを考えてみよう。いけすから上げたばかりの魚を刺身にすると、魚の種類にもよるが、たいていは身がだらりとしている。しかしいくらか時間がたつと、身がしまり、口当たりがこりこりとしてきて、おいしくなる。これは、死後硬直[*3]で魚の身がしまってきたからで、そのためテクスチャーが良くなっておいしく感じられるのである。ただし、魚によって、刺身に適する硬直状態になるのに要する時間は差がある。だから、活けじめの魚が良いとはいっても、どの程度のしまり方をしているかを判断することが必要となるのだ。そして、これが料理の味を左右することになる。

＊3 死後硬直
死後硬直を起こすまでの時間や硬直の続く時間は、魚の種類だけでなく、水揚げの時の条件にも左右される。例えばタイは硬直期間の長い魚だが、長時間苦しんだ後に死んだものは硬直が早く起こり、持続する時間も短くなる。一方、一本釣りのように水揚げまでの時間の短いものをすぐに即死させると鮮度を保ちやすく、味も良い。

関西では、漁獲後すぐに即死させたものを〝活け〟として扱っている。とくに、瀬戸内海に面した地域にこの傾向があるが、瀬戸内には白身の魚が多いためであろう。

白身の魚は死後硬直に要する時間が比較的長いため、活きの良い状態でまず即死させ、それから徐々に死後硬直を待つ。

白身魚の場合[*4]、刺身の味は口に入れた時の感触に、大きなウエイトがおかれる。つまり、魚のうま味よりもテクスチャーの方が重視されているといえよう。

一方マグロ[*5]のような赤身の魚は、テクスチャーよりも魚肉のうま味に重点がおかれる傾向にあるようである。

これらは、魚の鮮度を表示する化学的評価として用いられるK値[*6]の差異から理解できる。タイやヒラメなどの白身魚は、K値が低い方が味が良いと判断されており、マグロはK値の高い方が良いとされている。したがって、白身の魚では鮮度が良くないと評価される程度のK値のときに、マグロなどの赤身の刺身はおいしいと評価される傾向がある。これなどは、テクスチャーに重点がおかれているか、味に重点がおかれるかの違いがはっきりしている例である。

日本人が好むテクスチャー

日本人が共通して好むテクスチャーというのは、どちらかというと水分が

＊4　白身魚の刺身の切り方
肉質がかたいヒラメ、タイ、スズキなどの白身魚は薄めに切りつけることが多い。

＊5　赤身の魚の刺身の切り方
マグロに代表される大きくて肉質が柔らかい赤身の魚は総じて厚めに切りつける。マグロの場合、赤身、中トロ、トロと各部位の肉質の違いに応じて切りつけ方を変える。赤身は1センチ、中トロ7～8ミリ、トロ5ミリくらいの厚さにするのが一般的。

＊6　K値
魚類鮮度判定指数のことで、活きの良さの程度を数字で判断することができる。死後の魚肉中に生成するイノシン酸などの物質を測定し、その含有%で表示する。K値が低いほど鮮度が良く、刺身としては20%までが適当。20%を超すとしだいに腐敗が始まり、食用として適さない。

多くしっとりした、いくらか滑らかさのある感触である。それは日常的に食べ慣れている米飯の感触が、好ましいテクスチャーとして身についているためと考えられる。

パンや肉のようなパサパサというか、ざらざらした感触の食べ物や料理に対しては、一般に日本人はあまり嗜好を示さない[*7]。だから、海外から移入された食べ物や料理などは、いつの間にか日本人の嗜好に適した感触のものへと変化している。

例えば、ビーフステーキの場合、日本で好まれる肉質は肉の間に脂肪の入り込んだもので、欧米に比べてかなり柔らかいといえる。また、ステーキというと欧米では大きな切り身のままで焼くことがほとんどだが、これを日本人の嗜好に合わせると一口大のサイコロ型に切ったものを焼き、醤油などのタレを付けて食べるという形態へ変化するわけである。

テクスチャーの嗜好は個人や地域差で変わる

料理や食品のもつテクスチャーは、すべての人が同じようにおいしく感じたり、おいしくないと感じたりするわけではない。テクスチャーの嗜好にはかなり個人差がある。と同時に地域性も存在するのである。地域による嗜好性の差のわかりやすい例が、麺類の嗜好であろう。

大阪で食べられているうどんは、少しざらざらした表面をもち、弾力[*8]もあまり強くなく、ぷつぷつと切れやすい。ところが香川の讃岐(さぬき)うどんは、コシ

＊7 パンに対する日本人の嗜好
パンも米飯の口当たりに近いものが好まれる傾向があるようで、全体的にしっとりとソフトな食感をもったものが主流。

＊8 弾性の測定
食品の弾性は破断機によって測定することができる。細い糸をピンと張り渡した破断機に測定する物体をあて、力を加えていく。この糸が物体を切ったところの数値で弾性を示す。

が強く弾力があるのが特徴で、大阪のうどんとの弾力の差にはかなり大きなものがある。そして秋田の稲庭うどんになると、弾力もあって表面がつるつると滑らかな感触である。

うどん以外でも、そばはもちろんのこと、ラーメンのように比較的新しい部類の麺料理にしても地域性はちゃんと存在している。例えば、北海道と東北地方の喜多方と九州ではまったく違う麺が好まれるし、同じ九州内でも博多のラーメンと鹿児島のラーメンでは麺のテクスチャーは異なってくる。このことからも地域による嗜好性の違いに根強いものがあることがわかる。

また、納豆の食べ方にも、このような違いをみることができる。納豆は関西ではあまり食べられてこなかった食品だが、最近では健康志向もあって、関西でも食べられるようになってきている。納豆というのは、関東や東北においてはよくかき混ぜてご飯の上にかけて食べるものである。しかし、関西では納豆をよくかき混ぜるということをしない。なぜならかき混ぜることによって生じる納豆のぬるぬるした感触が好まれないからだ。

このように、育った環境と食べ物のテクスチャーとの間には密接な関係がある。そしてここに地域によるはっきりとした嗜好の相違をみることができる。

テクスチャーは、料理のおいしさを左右する大きな要因だけに、こうした地域による嗜好の違いや、料理に与える影響を常に考慮に入れて、料理を作ることが必要であろう。

茹でる・煮る・蒸す——特性を生かす上手な調理法

液体の水と気体の水

〝茹でる〟〝煮る〟〝蒸す〟という3種の調理法は、水を熱の媒体として使用する調理法である。いずれも水の性質を利用する調理法なので、水の持つ性質を十分に知って利用することが大切である。そこでまず、知っておきたいのは、水は熱に対してどのような性質をもっているかである。

ひと口に水といっても、液体の状態のときと、気体の状態のときとでは、性質が異なる。水が液体のときで、しかも気圧が普通の状態においては、水はほぼ100度で沸騰する。そして、沸騰とともに、水は水蒸気として気体に変わる。このときに多量の気化熱*1を必要とするので、沸騰の状態が続いても、温度がどんどん上昇し続けることはあり得ない。ほぼ100度以上には温度は上昇しない。ただし、これは、普通の気圧のときの話であって、気圧が変われば沸騰温度も変化する。気圧が下がれば沸騰温度は下がるし、気圧が上がれ

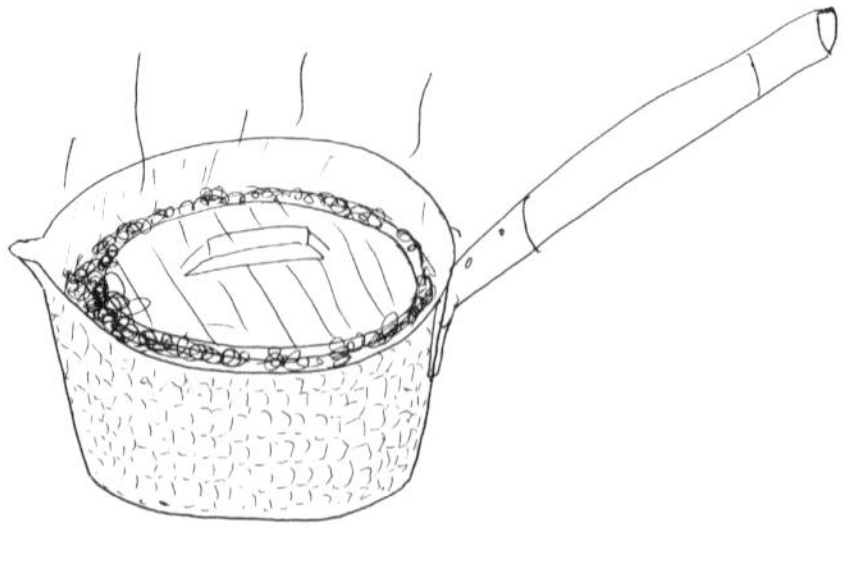

ば沸騰温度も上昇することになる。

現在では、気圧を操作することで、食品をより良い状態に加工することも多くなっている。例をあげると、ジュースの濃縮やコーヒーの凍結乾燥[*2]（フリーズドライ）のように、材料の水分を取り除きたいときの乾燥法として気圧の低い状態が利用されている。こうした加工は低温で行なう方が食品に変化の起こることが少ないからである。気圧の高い状況の調理としては、圧力鍋での調理がある。現在のところ一般的な調理においては、通常の気圧で行なうことがほとんどだし、圧力鍋に限って気圧の高い状態で水を利用していると考えてさしつかえない。

茹でる、煮る、蒸すの違い

茹でる、煮るという調理はともに、食品材料が水の中に浸っている状態である。そのために、材料の成分のうち水に溶けやすいものは、かなり水に移行する。この場合、味にとって不必要なアクなどが、水に溶けて食品材料から抜けてくれることは味を良くする上でプラスだが、うま味のある物質や、栄養成分までが水に溶け出してしまうとマイナスとなり、味は低下し、栄養価値も落ちることとなる。その点、蒸す調理法は、食品材料が水に浸らないし、水蒸気という気体に接触するだけだから、食品成分の溶けて出る量は少ない。蒸した料理にはうま味があるといわれるのは、うま味をもつ各種の成分の溶出が少ないからである。しかし、蒸す調理も水分がかなり多い状態で

＊１　気化熱
液体が気体になるときに吸収する熱エネルギー量のことで、水では、１００度、１気圧で１g当たり５３９カロリーである。蒸発熱ともいう。逆に蒸気が水に戻るときには同じエネルギー量を放出する。

＊２　凍結乾燥
氷の昇華（２１６ページ参照）を利用して乾燥する方法。食品を急速凍結させた後、真空状態にすると食品中の氷は溶けないで直接気体となって蒸発する。加熱乾燥（天日乾燥、熱風乾燥）したものより色や風味の変化が少ない。

あることには変わりないので、焼くなどの調理法とは異なり、香ばしい風味はほとんどない。そこで、柚子とか、桜の葉、杉板などのように、良い香りをもつ材料を同時に蒸して、その香りを料理に移行させるという手段が多くの場合とられるわけである。

煮る調理の特徴

ここで煮る調理と蒸す調理とを比較してみると、煮ると蒸すとでは、加熱しているときの材料の状態にかなりの差がある。これは、液体の水で加熱するか、気体の水で加熱するかの違いなのである。

煮る場合には、材料は水の液に浸っているので、煮立っている振動が強く材料に当たる。つまり、材料は常に強い力で揺さぶられているわけだ。したがって、身がくずれやすいものを煮る場合は、注意が必要になる。

また、少量の調味液で煮る場合には、調味料が十分に材料にふりかかることが望ましい。

そこで登場するのが落とし蓋である。落とし蓋[*3]をすると、材料が煮えるときの振動がおさえられる。また、料理によっては調味料をあまり量を多く加えない方がよい場合があるが、こういったときも、落とし蓋があると都合が良い。その理由は、沸騰した煮汁が、落とし蓋に当たって、材料全体にふり注ぐからである。材料が調味料に浸っていなくても、十分な量の、熱い煮汁が材料の上からふり注ぐことになり、その結果、材料は煮汁の中で平均に加

＊3 落とし蓋（ぶた）
煮物をするときに使う鍋の口よりも小さい蓋。材料の上に直接のせる。少量の煮汁で煮ることができ、沸騰による煮汁の振動を防ぐので煮崩れしにくい。同様にして豆類などを煮るとき使う紙蓋もある。

熱される。もし落とし蓋を使わない場合は、煮汁からはみ出している材料の部分は、味がよくつかないし、火が十分に通らないことも起こる。

煮る場合は、100度、あるいはそれ以上の温度での加熱となる。水に食塩などの調味料が加わると、沸騰点が上昇するからである。だから、煮物の煮汁の温度は、110度近くにまで上昇していることがある。

蒸す調理の特性

これに対して、気体の水、すなわち、水蒸気を使って加熱する場合は、100度以下で加熱することが可能である。材料に供給する水蒸気の量と温度を加減することで、求める温度が得られるのだ。

蒸す調理[*4]では、前にも述べたように気体が利用されている。水が蒸発するときには、多量の気化熱を必要とする。つまり、水蒸気は水を沸騰させて出た気化熱を持っているのだ。逆に水蒸気が水に戻るときには、蒸発に必要とした熱を反対に放出する。蒸す調理は、この放出された熱で調理しているのである。蒸気を十分にたて、調理しようとする食品材料にその蒸気を触れさせて、そこで水蒸気が水に戻って放出する熱を加熱調理に利用するのである。例えば、茶わん蒸しなどのように、80度以上にしたくない場合、蓋をずらしていくらか水蒸気を逃がして、水蒸気の量を手加減し、求める温度をコントロールすることができる。

蒸し物は食品の表面に水分が多くつきやすいのが特徴である。饅頭のよう

＊4 蒸し器
金属の蒸し器で蒸すと内側についた水滴が食品に落ちて表面がべたつくことがあるが、木や竹でできた蒸籠を使うと材料自体が水分を吸収するため水滴が落ちない。

＊5 べたつきをなくす
蒸し器で複数の食品を蒸すときには、間に少し隙間をあけるようにする。そうすると水蒸気が均等に食品にあたり全体的に水分がゆきわたり、しっとりした口当たりに蒸し上がる。

な、皮がべたついたら困るものでは、ある程度強力に水蒸気を立てて、水蒸気から放出される熱の量を多くし、水に戻った水蒸気の余分のものを蒸発させてしまう必要がある。[*5]

煮るときの浸透圧の作用と注意点

煮る調理のときには、必ずといってよいほど食塩や砂糖などを含む調味料が使用される。これらは、強い浸透圧[*6]の作用を持っている。そのため、材料の水分は、煮汁の方へ強く引き出される。身をしめる目的の場合は都合がよいが、煮しまるとかたくなったり、もち味のうま味が抜けたりするものでは、その対策が必要である。

例えば、煮魚のようなタンパク質を主体とするものでは、表面の組織を手早く固めて、中のうま味を持った成分が、外へ出ていくのを防ぐ必要がある。都合の良いことに、タンパク質は、食塩が存在する状態で加熱すると、普通よりも低温で早く固まる性質がある。そこで、煮魚を作るときには、調味した煮汁が沸騰してから材料を入れるようにするとよいのである。沸騰しているところへ魚を入れると、魚の表面のタンパク質は瞬時に凝固し、膜を作る。これが、材料の中の組織を守り、外からの浸透圧の作用を受けにくくする。したがって、魚のうま味も簡単には外へ出ていかない。でき上がった煮魚は、うま味をもった、口当たりの良いものに仕上がる。もし、温まっていない煮汁に魚を入れたとすると、魚の中のうま味を含んだ水がどんどん外

＊6 浸透圧
生物の細胞膜のように、水はよく通すが水に溶け込んでいる物質は通さないという性質をもつ膜を半透膜という。この膜の両側に濃度の違う溶液があると、低濃度の方から高濃度の溶液の方へ水などの溶媒が移動するが、このときに半透膜にかかる圧力を浸透圧という。

へ出て、煮魚の味が低下するだけでなく、水分が魚肉から失われるので、パサついた、口当たりの悪いものとなってしまうから注意が必要だ。

豆を煮る場合にも注意が必要で、もし、茹でた豆にいきなり濃い調味料を加えると、ふっくらと吸水していた豆が、かたくしまってしまう。水が外へ強い力で引き出されるからである。大豆の場合は、薄い調味液に浸して、それを吸収させてから煮ると、豆の水分が保たれ、うま味が逃げていくことが少ない。また、豆がかたく煮しまってしまうのも防止できる。

茹でる場合は蓋をしない

茹でる場合は、通常、蓋はしないで加熱する。その理由は、不快なにおいや、食品から溶け出た成分で不要なものが、水蒸気とともに蒸発していくのを促すためである。水蒸気が勢いよく蒸発すると、普通は蒸発しにくい物質も、水蒸気と共に蒸発する性質がある。例えば、野菜では〝酸〟などがそれである。野菜は酸類をかなりの量含んでいる場合がある。緑の野菜は、酸が共存する状態で加熱すると、黄色がかった緑色に変色しやすい。この場合、蓋をとって強く加熱し、水蒸気を勢いよく蒸発させれば、野菜から出てきた酸は、水蒸気と共に蒸発するので、野菜の酸による変色が防がれる。さらに、野菜を茹でる多くの場合には、水[*7]が沸騰する前に食塩を加えておくと、緑色が変色しないですむ。野菜の緑色は、葉緑素と呼ばれる緑の色素であるが、これは、食塩と共に加熱されると、安定化するためと考えられる。

＊7　適した茹で水
鉄分を含んだ水で茹でると、色も味も良くない場合があるので注意する。また、カルシウムやマグネシウムもタンパク質をかたくしてしまうので気をつける。

料理をこんがりと焼き上げる温度と〈焼き方〉のポイント

焼く調理のポイントは〝メラノイジン〟にある

焼く[*1]調理において、〝こんがり〟と〝黒焦げ〟の差は非常に大きい。どちらも食品中の成分が加熱によって変化した状態には変わりないのだが、このときに作り出される物質は、まったく異なるものだからだ。

とくに、タンパク質を主成分とする魚や肉などを焼くときは細心の注意を払う必要がある。肉や魚をこんがり焼くと、香ばしいにおいが出ることは多くの人が経験している。この香りのもとは〝メラノイジン〟と呼ばれる物質である。メラノイジンは、タンパク質と糖類が180度程度に加熱されて起こる化学反応[*2]によって生成される。メラノイジンが生成されると、食材の表面はきつね色になり、香ばしいにおいがする。

ところが、メラノイジンは、180度を超える高温で加熱されると炭化して焦げてしまい、タンパク質を高熱で焼いたときのような悪臭を発するようにな

る。これは、ちょうど、毛糸や毛髪を焦がしたときに出る悪臭と同じにおいである。

焼く調理の場合、材料を焼くときの温度管理の善し悪しが、そのまま料理の善し悪しにつながるので、調理する人は、材料の表面を180度に保つ技術が要求されるのである。

「強火の遠火」で「備長炭」が良い科学的な理由

焼く調理の最大のポイントは、食材の表面を180度に保つことなのだが、これが意外と難しく、調理する人のウデの差によって焼き上がりが違ってくる。食材の表面温度は、たとえ同じ調理器具を使って焼いても、まったく変わってくるので、焼き上がりに差が出てしまうのだ。

食材の表面温度を180度に保つには、科学的な目が必要とされる。もちろん、長年の経験に基づく、いわゆる〝カン〟も必要だが、これも、科学的にみて、正しい裏づけを持っている場合が多い。

焼く調理は直火焼きと間接焼きとにわかれるが、ここではより温度管理のむずかしい直火焼きに限って焼き方のポイントを考えてみよう。

直火焼きの場合、昔から焼き方は「強火の遠火」で、熱源は備長炭が良いとされているが、じつはここにも科学的な根拠が隠されているのだ。

食材の表面を180度に保つには、その表面周辺の温度が180度付近であることが望ましい。ここで問題なのは、熱源の部分が180度あるからといって、食材

＊1 焼く調理の目的
焼く調理の効果としては、良い香りがつく、おいしそうな焼き色がつく、水分が少なくなるといったことがあげられるが、水分が少なくなると、脂肪をあまり含まない肉類などでは、かたくなって、食味の損なわれる場合もある。

＊2 アミノカルボニル反応
幽庵地で魚を焼いた香りや、ウナギの蒲焼きのにおい、ケーキを焼くときの香りのもとであるメラノイジンを生成する化学反応。糖類とアミノ酸またはタンパク質が共に存在し、180度ほどに加熱されたときに起きる。中でも、アミノ酸と、ブドウ糖、果糖などの還元糖が反応しやすい。

の周辺が180度になるとは限らないということである。また、食材の周辺がだいたい180度程度になったとしても、熱源のエネルギーが弱い場合には、食材のまわり全体を180度に保つことが難しいため、こんがりとは焼きあがらない。食材をおいしく焼こうとする場合には、強力なエネルギーの熱源が必要とされるのである。

例えば、気温の低い冬であっても、太陽の照っている晴天のときに布団を干すと、布団が暖かく、ふっくらとする。これは、太陽が強力なエネルギーを持っていて、その放射熱のエネルギーが布団に与えられるからだ。突飛な例のように感ずるかもしれないが、直火焼きの調理も、理屈はこれと同じで、強力なエネルギーを持つ熱源を使い、その放射熱で食材を焼くとこんがりと焼くことができる。こうした熱源で焼くと食材の表面にメラノイジンをうまく生成させることができ、おいしく焼き上がるのである。

「強火の遠火」は、この条件を充分に満たしている。そして、強力なエネルギーを持つ熱源として、備長炭[*3]がよく使用されるのである。

よく燃えている備長炭の表面温度を測ってみると、だいたい、800度以上にもなっている。そして、その熱源から50センチも離れた場所では、かなり広い範囲にわたり、180度を保っている。

焼く調理には煙と炎は禁物

「強火の遠火」には、焼いているときの炎や煙が食材に当たりにくいという

＊3 備長炭
姥女樫（ウバメガシ）で作る最高級の白炭で、主産地は和歌山県。1000度の高温で焼き、揮発成分を除くので燃やしても灰が少ない。二本の炭を打ちつけると金属音がして、いぶし銀のような光沢があるものほど高級。表面が粉をふいたようなのは灰をかけて火を消したためで、火のつきが良い。

利点もある。

肉や魚などを焼いたときに、炎の上にしたたり落ちる肉汁は、タンパク質と脂肪を含んでいる。これが高温の熱源に直接落ちると、すぐに燃焼する。熱源のエネルギーが強いほど、急速に燃焼し、含まれている成分の変化も早い。タンパク質は、前述の通りに変化して不快なにおいを発するし、脂肪も同様に不快なにおいを発し、さらに炎も出る。

炎は非常に温度が高く、およそ1000度にもなる。もし、近火で焼いたら、食材の表面は180度以上の高温で熱せられることになる。当然、食材中のタンパク質や脂肪は高温で変化し、炭化してしまう。熱源が食材から離れていないと食材はもろに炎の影響を受け、食材の表面は中まで火が通らないうちに黒焦げになってしまう。

また、食材が熱源に近いとタンパク質を含む肉汁が熱源の上にしたたり落ちて、タンパク質の焦げる不快なにおいが発生したときに、その不快なにおいが食材に吸着しやすい。そして、料理の風味が、著（いちじる）しく低下することになってしまう。

魚や肉などは、とくにこのにおいを吸着しやすいので注意が必要である。これは、魚や肉の主成分であるタンパク質には、*4 においを吸着する性質があるためである。

例えば、閉め切った部屋で会議をするときなど、多くの人がたばこを吸うと、その場にいた人の毛髪に、たばこの煙のにおいがついてなかなかとれな

*4 においの吸着
うなぎ店や焼き鳥店では、団扇でパタパタとあおぎながら焼いている光景をみかけるが、これは、材料がタンパク質の焦げる不快なにおいを吸着しないための知恵ともいえよう。

いことがある。これも、毛髪の成分がタンパク質で、においを吸着しやすいからである。

以上のような観点からも「強火の遠火」が直火焼き調理において重要なポイントであることがわかる。

備長炭の特徴と利点

備長炭が熱源として重用される理由は、火力の強さだけではない。他にも多数の長所がある。

第一に、備長炭は、炭が燃焼するときに出る灰の量が非常に少ない。これは、料理を汚さないことに通じる。もし、灰が多く出る炭だと、たとえ遠火にしても灰がかなり舞い上がり食材に付着してしまう。

第二に、備長炭は、灰の成分にカリウムを多く含み、カルシウムが少ない。カルシウムが多い炭を使って、タンパク質を多く含む食材を焼いた場合には、灰の中のカルシウムと食材のタンパク質とが結合し、口当たりのかたい料理になる。これに対してカリウムは、タンパク質を柔らかくする働きを持つ。備長炭の灰の成分にカリウムが多いということは、もし灰が食材に付着してしまっても、料理の仕上がりがソフトになり、口当たりが良くなるということである。

第三の長所としては、備長炭は、燃焼するときにはほとんど炎を出さないので調理している材料に炎が当たる心配がない、ということがあげられる。

焼く調理において、食材に炎が当たることが料理にいかに悪影響を及ぼすかについては前に説明した通りである。

魚と肉を直火で上手に焼くコツとポイント！

最後に、焼き方のポイントを紹介しよう。

魚を焼く場合、火を通す割合を一般に「表六分に裏四分」といっているが、表面をはじめから六分焼くのではなく、まず五分程度焼いてから裏返して四分焼き、さらに、もう一度裏返して表を少し焼いて仕上げる方がおいしく仕上がるようだ。

また、「魚は大名に焼かせろ」ともいうが、これは、焼いている途中で魚を何度もひっくり返すとおいしく焼けないということをいっているのである。魚を焼いていると、熱源に当たっていない面から水蒸気が立ちのぼっていく。だから何度もひっくり返して両面を同じ程度に焼くと、水蒸気が逃げずに生臭みが残ってしまうことになるのだ。

[＊6]肉の場合は、うま味のある肉汁を逃がさない焼き方が大切だ。丸ごとのチキンや大きな肉の塊の場合は、ゆっくりと回転させながら焼くと、肉の表面のタンパク質が加熱されて固まり、うま味を逃がさない。ただし、肉全体を強く加熱すると肉がかたくなってしまうので、全体にゆっくりと火が通るように、回しながら焼くと良い。こうすると、表面がこんがりときつね色になり、おいしく焼き上げることができる。

＊6 肉の焼き方
焼肉料理のように薄切りの肉を焼く場合は、弱い火でゆっくりと焼くとタンパク質と脂肪が分離し、焼き上がる前に肉汁が流れ出る上に、水分まで蒸発してパサパサになってしまう。逆に高温で加熱しすぎると、主成分のタンパク質が強く収縮し、水分の蒸発も急速なため、火が通る前に肉が焦げてしまう。高温の強火でさっと表面に火を通したら、弱火にして、火を通すとおいしく焼きあがる。

揚げ物・炒め物を風味良く仕上げる油とは？

揚げ物や炒め物がべとつく原因は？

油を使う料理は、近年、非常に多くなってきている。家庭でも飲食店でもその傾向は強まっているようだ。それだけに現在の油がどのような性質のものであるかを知っておくことが必要だ。

以前は、揚げ物や炒め物をしても、からりとした料理に仕上がったはずなのに、近頃はどうもべとついた仕上がりになることが多いと感じている人が多いのではないだろうか。

これは、油の種類や名称が昔と同じであっても、油の性質が変わってきているからだ。とくに油を構成している脂肪酸の種類が異なっていることが多い。だから、揚げ物の衣をどんなに工夫しても、べとついた仕上がりにしかならないことがしばしばあるのだ。

炒め物も同様で、さらっと仕上がらず、べっとりとして、材料の表面が油

でギラギラした状態になることが多い。炒め物の場合、ビーフンの炒め物や焼きそば、野菜炒めなどはとくに違いがわかりやすいようだ。

炒め物がべとついてしまう大きな原因は、やはり油の性質が以前と大幅に変化している点にある。

油はどのように変化したのか？

では、油はどのように変化してきているのだろうか。揚げ物によく使われる綿実油[*1]を例にとってみよう。

以前は綿実油に少量のゴマ油や菜種油[*2]などを加えて揚げ物を作ると、からりとしてじつに風味良く仕上がった。

綿実油は、加熱しても香りがほとんど出ない油なので、菜種油のように加熱後に香ばしい香りの出る油や、もともと良い香りをもっているゴマ油などを少し混ぜることで、風味の良い揚げ物を作ることができたのである。

以前の綿実油の脂肪酸組成をみると、一価不飽和脂肪酸（65ページ参照）と呼ばれるものが大きな比率を占めている。

一価不飽和脂肪酸とは、一カ所だけ不飽和の部分がある油のことで、こういう油で揚げ物をするとからりと仕上がりやすい。ところが、現在の綿実油は、一価不飽和脂肪酸のかなり少ない脂肪酸組成となっている。これは、綿実油の製造過程で極度に精製をすることが原因である。

なぜ、綿実油を極度に精製するのかというと、これは油の性質をより良く

＊1 綿実（メンジツ）油
綿花をとったあとの種子から圧搾して得た油。風味が良く、主にサラダ油として使われる。缶詰の油漬け、マヨネーズなどの加工品にも利用される。種子は15～30％の含有量で、主な脂肪酸はリノール酸約58％、オレイン酸約18％、パルミチン酸約19％である。

＊2 菜種（ナタネ）油
ナタネの種子から圧搾、または抽出した油。精製しないものは黄褐色で少しくさみがある。大豆油の次に消費量の多い油で揚げ油として用いられる。日本でも昔から使われていた油。主な産地はインド、中国、カナダなど。キャノーラ油の名で売られているのはカナダ産の菜種油。種子中の含油量は38～45％。オレイン酸を約63％と多く含む。リノール酸は約20％。

するためではない。綿実油を精製するときに出る精製粕の方に大きな魅力があるからである。この精製粕を純粋に分離して、食品加工用の植物油を作るのが目的なのである。

加工食品に油を使用するものが増加しており、需要が非常に大きくなってきたので、その目的にかなった油が大量に必要とされるからである。その油とは、酸化しにくい一価不飽和脂肪酸を多く含む油である。

加工食品用の油は、多くはヤシ油を分離精製して製造していたのであるが、それだけでは不足ぎみだし、精製の副産物として製造できるのだからということで、綿実油が注目されたのだ。

そのため現在では、綿実油は十分精製されたものとなり、この油で揚げ物や炒め物を作ると、大豆油を使用したときと同じようにべとついた仕上がりになってしまう。

では、業務用に販売されている、揚げ物がからっと揚がったり、炒め物がさっくりできたりする油とはどういう油なのだろうか。

多くは一価不飽和脂肪酸を主に含んだ油に少量の菜種油を配合したようなものである。これだと揚げ物がからりと仕上がるし、その上長時間、次々と揚げ物をしても、油が酸化しにくく、あまりべとつかない。

配合される油は、パームオレインなど一価不飽和脂肪酸を主体とする油である。パームオレインは、ヤシ油から分離精製したもので安価に多量生産することができる。

配合していない油で、揚げ物や炒め物に良い油は？

ヨーロッパで揚げ物が誕生したのはローマ時代のころからである。他の調理法に比べて、揚げ物は比較的新しい調理法といえよう。

焼く、煮る、蒸すなどの調理法は人類が火を使えるようになり、熱に耐える容器ができた時代から延々と続いている。これに対して揚げ物料理は油が多量に使える時代でないと、とうてい作ることのできない贅沢なものといえよう。

ローマ時代にオリーブ油がかなり豊富に使えるようになり、はじめて揚げ物料理ができるようになったのである。その後もヨーロッパではオリーブ油が揚げ物に使用され続けている。

オリーブ油[*3]の脂肪酸組成をみると、一価不飽和脂肪酸の含有比率が相当高い。ということは、オリーブ油で揚げ物をすれば、からりと揚がりやすいということである。

日本では業務用としてパームオレイン（66ページ参照）を主体とする揚げ物用油を作っているの対して、ヨーロッパではオリーブ油という天然の植物油が揚げ物に使用されているということである。

アメリカではヨーロッパのようにオリーブ油が豊富に入手できないから、それに代わって高度に精製された揚げ物用のショートニング[*4]が作られ、使用されるようになった。

＊3　オリーブ油
オリーブ油の果実を圧搾してとった油。色は薄い黄緑で、香りに特徴がある。地中海沿岸諸国が主産地。日本では少量だが小豆島で作られている。オレイン酸を77％も含んでいる。（64ページ参照の事）

＊4　ショートニング
ラード不足を解決する代用品としてアメリカで誕生した油脂。精製した動物油脂に乳化剤、酸化防止剤、チッ素、二酸化炭素などのガスを混入、急冷し練り合わせた加工油脂。自由にかたさを調節できるため様々な加工品が作られている。高度の精製をほどこすため、製品は油脂１００％、無色、無味、無臭である。主に製菓・製パンに用いられる。

なぜ、大豆油や菜種油では、からりと揚がらないかというと、これはリノール酸などの、不飽和の部分が2個以上ある多価不飽和脂肪酸が主体の油だからである。多価不飽和脂肪酸の比率が高いほど、からりとした揚げ物はできにくい。

とくにリノール酸の多い紅花油[*5]などは、揚げ立てでないと、べたべたして、とてもおいしく食べられたものではない。そのため、品種改良により、一価不飽和脂肪酸であるオレイン酸の含量を高くした高オレイン酸の紅花油も作られ、現在多く出回っている。

近年オリーブ油の輸入量がかなり多くなり、以前よりは価格も低くなっている。とはいっても、ふんだんにオリーブ油を使って揚げ物をすることはやはり贅沢なことであろう。

オリーブ油に近い脂肪酸の組成をもっている油としてはゴマ油があげられる。しかし、ゴマ油には特有の強い香りがあるので、これを主体にして揚げ物をするわけにはいかないケースもあるだろう。そうなると、やはり揚げ物用に配合された油を使わざるを得ないことが多くなる。

炒め物ではラードを使えば良い風味に仕上がるが、しつこいため日本ではあまり好まれないようだ。ラードの代わりにショートニングを使うとしつこさがなく、結果的に良いようである。

またパームオレインを主体とした調合油も適しているといえるだろう。この油は寒い季節だと使用した後、半固形状[*6]になることがあるが、これは脂肪

＊5 紅花油
サフラワー油ともいう。精製法により高オレイン酸タイプと高リノール酸タイプがある。高オレイン酸の紅花油はオレイン酸を77%も含んでいるので、揚げ物や炒め物をからりと仕上げることができる。

の成分に不飽和の部分が少ないからで、固まったからといって使えないわけではない。

差し油や再加熱時の煙について

揚げ物に長時間使った油でも差し油をすると油がもつといわれる。確かに見かけはその通りで、まだまだ十分に使えそうである。しかし、油中に含まれている酸化防止力のあるビタミンEは、差し油した新しい油の中のものが減少し、それで油のいたみが少なくなっているのであって、油はやはり少しずつではあるが酸化の方向にすすんでいる。

酸化しにくいのは一価不飽和脂肪酸や飽和脂肪酸の多いヤシ油などを主体にした揚げ物用の油で、差し油をしなくても酸化しにくいし、からりと揚がる。

また、いったん使用した後に冷えた油を再加熱した場合、初めに煙の出ることがあるが、これは酸化した油の部分が蒸発しているので、煙が出なくなれば酸化した部分はほとんどなくなっており、かなりきれいに揚げることができる。

以上のことを参考に、揚げ物や炒め物に使う油は、用途と仕上がりの香りなどを考えた上で選ぶようにしたい。

＊6 パームオレインの融点
18度から24度前後と、植物性油脂の中では融点が高いのが特徴。

〈鍋物料理〉をおいしく楽しむしくみとコツ

鍋物のポイントはタレの味にある！

鍋物は多くの人にとって魅力的な料理である。なぜなら、手軽に調理できるし、家族や親しい仲間同士、大勢でワイワイと会話をしながら楽しく食べることができるからだ。材料も味つけも、それぞれ好きなようにできるし、煮方も各人の好みで加減できる。

鍋料理は、大きく4種類にわけられる。調味料を何も加えない昆布ダシ程度で煮る水炊き、寄せ鍋のように醤油を主とした調味料を加えたダシで煮るもの。土手鍋のように味噌とともに煮る鍋、すき焼きのように濃厚な味をつけたダシ（割り下）で焼き煮にするものである。ここでは水炊きと薄味のダシで煮る鍋物を中心にタレとダシの関係について考えてみよう。

鍋料理のタレは、淡白な鍋料理をおいしく食べる上で欠かせないものである。鍋料理の特徴はダシと調味料を使ってはいても、煮物などとは比べもの

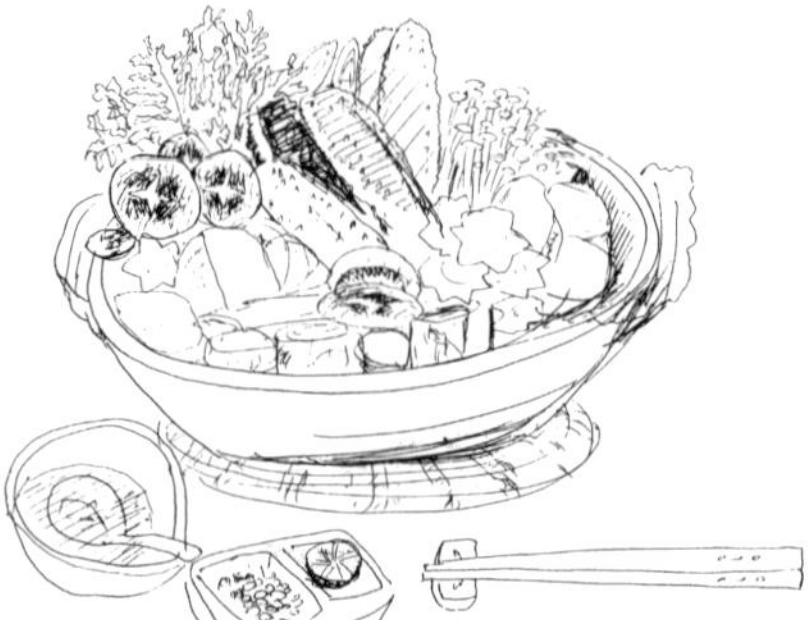

にならないくらいに薄い味である。このため、煮た材料の味を明確に感じられるように特徴のあるタレで味にアクセントをつけて食べる必要がある。

もちろん、鍋料理では材料の質が大きくものをいうが、どういうタレを合わせるかも、ウデの見せどころになる。

タレは、鍋に使う材料でかなりの違いがある。まず、魚と肉とでは、おのずと合うタレが違ってくる。また、同じ魚であっても、脂肪の多いものもあれば、あっさりとした白身の魚もある。さらに同じ白身でもカワハギのようににおいの強いものもあれば、アンコウやフグのように、クセがなく淡白なものもある。肉でも、牛肉、豚肉、鶏肉、鴨肉といった種類の違いは、当然タレに関係してくるはずだ。材料が魚であれ、肉であれ、タレの味つけに共通する条件がいくつかある。まず、タレには少し酸味を入れると良いということである。

酸味は、材料の脂肪などのしつこさをさっぱりとさせるだけでなく、材料の味をおいしく感じさせる効果があるからである。魚介類や肉類は、だいたいが微アルカリ性であり、そのまま食べたのでは、あまり味が良いとは感じられない。しかし、酸味のあるタレをつけて食べれば、pHを下げることができるのでおいしくなるのである。

タレに合う酸味の材料と、その効果

酸味の材料といっても様々なものがある。最も簡単なのは酢であるが、これでは誰が使ってもそれほど変化は出せない。そこで考えられるのが柑橘類の利用である。柚子[*1]やダイダイ、スダチ[*2]、カボス[*3]、レモン、ライムがその代表格だが、沖縄のシークワーサー[*4]などのように各地特有の柑橘類もいろいろとある。こうした柑橘類を利用することで個性的なタレを作ることも可能だ。

タレに柑橘類を使う利点としては特有の芳香があげられる。柑橘類の香りは、リモネンという物質が主体で、このリモネンには食欲を増進する働きがある。柑橘類をタレに加えれば、風味が増して、食欲増進にもつながるというわけである。

辛味のタレの必要条件

次に、タレの条件として必要なのが、辛味である。当然、香辛料が考えられるが、どのような辛味でも良いというわけではない。というのは、鍋物の材料によって、唐辛子が良いもの、生姜[*5]が合うもの、大根おろし[*6]の合うものなどがあるからだ。中にはワサビが適当と思われるものや、ネギと唐辛子のふたつを一緒に使用した方が良い場合など、組み合わせは多岐にわたる。

こうした辛味の香辛料のほとんどが、鍋物の材料にする魚や肉の臭みを消す効果を持つ。さらに味覚を刺激することで風味を高め、食欲を増進させる効果も大きい。

ひと口にタレといっても柑橘類と辛味の香辛料をいろいろと組み合せるこ

＊1 柚子
果汁は果実全体の25％。果汁の酸味はクエン酸が主体。（詳しくは１２８ページ参照のこと。）

＊2 スダチ
徳島県の特産品で、10月頃に多く出回る。独特の香気と酸味とがある。

＊3 カボス
香母酢、香倍酢とも書く。原産地は大分県臼杵地方といわれ、現在も大分県が主産地。爽やかな酸味が特徴。

＊4 シークワーサー
沖縄特産の柑橘類で、ヒラミレモンともいう。果実は直径3センチくらいと小ぶり。酸味が強いので生食されることはなく、料理の風味づけや飲料として利用される。レモンに似た香りがある。

とで、何種類ものタレを作りだすことができるし、柑橘類と辛味の香辛料[*7]の効果で食欲を増進させることができるわけである。

ダシの工夫も大切

次に、ダシの味であるが、これも材料に合うものを選びたい。ダシの工夫により、ひと味違う鍋料理にすることも可能だ。例えば、土手鍋では味噌を使うが、味噌の配合やダシの味など、工夫の余地は多い。また、ちゃんこ鍋の場合は、ダシの味を良くしておくと、材料の味が引き立つようだ。

鍋物のダシの基本となるのは昆布である。なぜ、カツオ節のダシではなく、昆布ダシなのかというと、これは鍋料理に使われる材料と深い関係がある。鍋料理のうま味の主体は、肉や魚を中心とした材料から出るうま味成分である。肉や魚のうま味はほとんどがイノシン酸なので、昆布ダシのグルタミン酸のうま味を取り合わせることで、うま味を増すためである。

昆布ダシはあらかじめとっておくのか、それとも鍋に昆布を入れて供するのかはどういう味に仕上げたいかで、そのどちらかを選ぶと良い。

昆布の場合、うま味の成分が溶け出てくるのは、沸騰するまでの間であり、この時間が短いと、十分にうま味が出ない。逆に、長い時間煮ると、昆布特有の海草臭や、ヌルヌルした成分のアルギン酸がダシに溶け出て、味が悪くなってしまうので注意が必要だ。

昆布[*8]のうま味だけを上手に取り出すには、沸騰の少し前（80度くらい）に

＊5 生姜の辛味成分
ジンゲロンとショウガオールが主な辛味成分。

＊6 大根の辛味成分
大根の辛味成分は含硫化合物。この成分は揮発性なので、食べる直前におろす方がよい。どちらかというと、先端の方に多く含まれている。

＊7 香辛料で食欲が増す理由
香辛料は、食欲を増進させる働きをもっている。その原因は、香辛料の香り、色、辛味などが料理の風味や色をよくするからである。また、辛味などの刺激成分が、消化器の粘膜を刺激し、中枢神経の働きを高める。すると、消化器へ送りこまれる血液量が多くなり、消化液の分泌が増えて消化を促進する。さらに、刺激によって腸の蠕動（ぜんどう）運動が促進されるので、栄養分の吸収力も高めるのである。

水1ℓに対して20～40gの昆布を入れ、弱めの中火にする。約3分たってから火を強め、すぐに昆布を引き上げるようにすると良い。昆布を引き上げるタイミングは沸騰直前が良い。また、昆布は大きいまま用いても、細かくきざんでも、ダシの味にはほとんど変化がない。

ダシの調味には、醤油やみりん、酒などが加わるが、これらの品質でダシの味は大きく変化するから、こうした調味料にも気を配ると良い味に仕上げることができる。とくに醤油は、開封してすぐのものを使う方が良い。古いものは風味が低下しており、ダシの味まで台無しにしてしまう。濃い色をつけたくない場合は、淡口(うすくち)醤油を使うと良いが、その場合、塩味が強いのでみりんは欠かせない。

鍋料理に便利な電磁調理器

鍋物の魅力のひとつに、調理の手軽さがあるが、さらに簡便にする器具として、電磁調理器があげられる。電磁調理器（略してIHとも呼ぶ）は、すでに一般家庭にもかなり普及しているようだが、これは磁力を利用して加熱する器具である。

調理器の上板はセラミックのプレートで、その下にコイルを巻いた鉄芯が入っている。このコイルに高周波電流を流すと、磁力線が生じて鉄芯が強力な電磁石になる。その上に鉄、または鉄を含んだ鍋底を乗せるのだが、磁力線が鍋底を通過するときに渦電流ができる。この渦電流に対して鍋底に強い

＊8 昆布のうま味成分
昆布のうま味成分はグルタミン酸を中心にして、アラニン酸、アスパラギン酸などのアミノ酸類と、マンニトールなどの糖類が含まれる。昆布の表面についている白い粉は、マンニトールやグルタミン酸。使用する昆布は水で洗ったりせず、乾いた布巾で表面のほこりを落とす程度にする。水洗いすると、うま味成分を失うことになる。

電気抵抗が生まれる。その結果、鍋底が瞬時に発熱するのである。この鍋底の熱で加熱するのだが、鉄鍋を使えば中の材料を直接加熱できる。鍋底はそれに接しているものが陶器であっても差し支(つか)えない。土鍋の底に鉄板をはれば良いわけだ。また、鍋はホウロウ製でも良いし、ステンレス製でも良い。最近では、金属同士のはり合わせ技術が進み、ステンレス、銅、アルミニウムなどの板をはり合わせた多層金属鍋もできている。ただし、鍋底は必ず平らでなくてはならない。電磁波は、距離があると極端に弱まってしまうので、鍋底が電磁調理器の上面に密着している必要があるのだ。もし、底が密着しない丸底の鍋だと、加熱が十分にできないということになる。また、加熱を繰り返すことで、鍋底が反(そ)ってくるものも適さない。電磁調理器に合ったいろいろな鍋が開発されているので利用すると良いだろう。

また、電磁調理器は加熱の面で、特有の有利性がある。それは、電流の量の加減により、加熱の加減を瞬時に変えられる点である。鍋に材料を入れたときは電流を強くし、煮上がってきたら電流を下げれば沸騰はおさまる。こうした調整が簡単にできるので、ガスのように火加減に気を取られることもないし、吹きこぼれそうになっても素早く対応できる。万一吹きこぼれたとしても、ガスレンジのように火が消えてガス漏(も)れになることもなく、安全性に優れているといえよう。さらに、もうひとつの利点は電磁調理器自体は発熱しないので、触れても火傷(やけど)をすることがないことである。電磁調理器を上手に使えば、鍋料理においしさだけでなく、安全性も加わるのである。

〈電子レンジ〉の機能を上手に使いこなすヒント

電子レンジの機能と特徴を正確に知ろう

今や、電子レンジ[*1]は、家庭の台所はもちろん、飲食店の調理場でも欠くことのできない調理器具になっている。以前に比べていろいろな機能も増え、使い方の幅もグンと広がっている。また、価格の面でも手ごろになってきた。電子レンジを、うまく使いこなすことができれば、時間や手間の節約など、調理の効率化に大きな威力を発揮する。

ただし、電子レンジは万能ではなくいくつかの欠点がある。そしてその機能や加熱の特徴を正確に知らないためにせっかくの料理の味を落としてしまうこともある。また、温めるだけというような限られた使い方しかしていない場合が少なくないのが実状といえよう。電子レンジの機能を正確に知ることによって加熱[*2]の面での欠点は簡単に克服できるので、工夫次第でより有効に活用できるようになるだろう。

電子レンジの発熱のしくみ

電子レンジの加熱の機能は、ヒーターやコンロなどのように外部から加熱するものとはまったく異なるものだ。

電子レンジは外部から熱を供給するのではなく食品自体が含んでいる水を発熱させているのである。まず、電子レンジから電波[*3]が食品に投射される。すると、その電波によって食品の中の水が振動し、分子がお互いに摩擦しあう。その分子の摩擦熱によって食品全体を加熱することになるのだ。だが、食品内部の水が振動と摩擦で発熱するため水分の蒸発が盛んになって食品の成分にも影響を与える。加熱されている食品は水分を急速に奪われて乾燥し、組織にも変化が起こってくる。

例えば、カツオのけずり節でダシをとったあとダシがらを電子レンジで加熱すると水分がすっかり抜けてパリパリの乾燥けずり節ができあがる。これを保存しておけば、〝かか煮〟などに使えるし、二番ダシも取ることができる。このように乾燥を目的とした調理には、そのまま使えば良いのだが、水分が蒸発することで組織が著しく変化する食品の場合には電子レンジのかけ方に工夫が必要となってくる。

食品を上手に加熱するコツ

組織が変化しやすい食品としてまず、じゃが芋を例にあげてみよう。じゃ

＊1　電子レンジの加熱の仕組み
電子レンジはマイクロ波という高周波（水の分子を1秒に24億54万回振動させる）をあて、その摩擦熱で食品中の水分を発熱させるという原理。基本的には調理温度は１００度（水の沸点温度）以上にはならない。ただし、油を使ったものはもう少し温度が上昇する。再加熱、解凍、湯煎、下煮、乾燥など広範囲な利用が可能。

＊2　加熱ムラをなくす方法
作動中の電子レンジ庫内はマイクロ波がいろんな方向に反射しているため、加熱のムラが生じることもある。とくに、ターンテーブルに接している底面あたりは電波が照射しにくいため加熱が弱い。こうした加熱ムラを軽減するには加熱するものの底に割り箸などを置いてすきまを作ると良い。

＊3　電子レンジの電波
電子レンジの電波はＵＨＦの端の方を利用していて、２４５０メガヘルツである。

が芋に電子レンジで火を通すとき、単にラップフィルムに包んで加熱すると、パサパサした状態に仕上がる。水分がなく、とてもおいしいとはいえないものになってしまうのである。

ところが、丼に少量の水と皮をむかずに洗ったじゃが芋を入れて皿などでフタをして電子レンジにかけるとふっくらとした状態に火が通る。その上簡単に皮がむける。

丼に水を少し入れて加熱することで、電子レンジの場合、どうしてじゃが芋がふっくらと加熱できるのだろうか。理由は、電子レンジの電波はじゃが芋の組織の中の水分よりも、単独に存在する水の方により多く吸収されるからである。そのため、後から加えた水の方に電波が多く集まることになり、じゃが芋より先に丼の水が加熱される。そして水蒸気を発生させる。この水蒸気でじゃが芋を蒸している状態になるから、ふっくらおいしいじゃが芋に仕上がるのである。

ちなみに、じゃが芋を加熱するときにはラップフィルムでピッチリとおおうよりも皿などでフタをする方がホクホクと仕上がるがこれは隙間(すきま)から余分な水蒸気が庫内に出るためである。

電子レンジを調理に使うときに、とくに気をつけたいのは水が存在することで組織の柔らかさが保たれている食品である。

とくに、肉や魚のように、タンパク質でできているものや、デンプンを多く含む米飯やパンのようなものがそうである。

肉や魚は、その組織の中の水が抜けてしまうと、パサパサした感じになったり、歯ざわりがかたくなったりする。

また、米飯やパンに含まれているデンプンは、加熱されて柔らかくなっているとき、水分を含むことで、独特のふっくらした食感を与える役割を果たしている。ところが、これらを電子レンジで加熱すると、組織の中の水分が抜けてしまって、しっとりとしていた組織がかたくなって、弾力を失うこともある。

では、電子レンジ加熱はこのような食品には向かないかというと、決してそうではない。加熱の時間を長くし過ぎないように注意したり、加熱の方法をひと工夫することで充分活用できるのである。

加熱の時間を少し短めに設定しておき、様子を見ながら小刻(きざ)みに時間をのばしていけばよいだろう。

ガスやオーブンと併用するのも一法

他にも、これらの食品を加熱する場合に、全体を電子レンジ[*4]で加熱するのではなく、オーブンやガス火では火の通りにくい中心部の加熱に利用する方法がある。

肉や魚は、表面をガス火やオーブンなどの外部からの熱でまず調理をした後、さらに電子レンジで加熱すれば表面はカリッと香ばしく中までしっかりと火が通ったものとなる。

*4 電子レンジの特徴
加熱速度は速いが、高周波で食品の水分を振動させて加熱するため焼き色がつかない。最初からの調理には不便な面もあるが、調理済みの食品の再加熱や単純な料理に効果を発揮する。例えばハンバーグやステーキなどを作るときに先に焼いて焦げ目をつけ、その後電子レンジで加熱すると良い。

また、米飯やパンの場合は、水を少し入れた容器にプラスチックなどの底板をのせ、その上に加熱する食品を置いて電子レンジにかけるとふっくらと仕上がる。

もちろんこのとき、水蒸気が逃げないように上からカバーできるものを乗せる必要がある。

少量の米飯や小型のパンなどでは別の容器に水を少し入れ、食品と一緒に加熱しても同様の効果が得られる。

電子レンジを使えば圧力鍋の調理も手軽

圧力鍋[*5]は、鶏の手羽先のような部分や、かたい肉などを調理するのに適している。しかし、蒸気の音が気になったり、温度が上がるまでの時間がかなり必要である。ところが最近、電子レンジで圧力鍋調理ができる機種も出てきた。

この機能を備えた電子レンジでは、セットして放置しておけば自動的に圧力鍋調理ができる。使用する圧力鍋は、自動車のボディーに使用する耐熱性と強度に優れたプラスチックで作られている。

電子レンジの電波は、金属ではね返されるので金属製の圧力鍋は使えないが、プラスチックなら電波が通るので加熱が可能である。しかも、温度の上昇も早いので短時間で調理ができる。

その上、一定時間、圧力弁から蒸気が出ると電子レンジの蒸気センサーが

＊5 圧力鍋
鍋とフタを密閉させることで、中の蒸気を圧縮し、高圧・高温状態にして加熱効率を高めることのできる鍋。短時間で、かたい食材もやわらかく調理することができる。欧米の圧力鍋は115度に設定しているものが多く、日本のものは120度から125度が一般的。これはそれぞれの地域の料理に向くよう設定されているためと思われる。

それを感知してスイッチが切れる。後は放置しておけば圧力のかかったまま調理ができる。人がついている必要もなく、忙しくて手の回らないときなどにはぴったりである。

アサリの味噌汁も短時間で完成する

電子レンジ調理のもうひとつの利点は、短時間で調理を完了できるところにある。アサリの味噌汁などもその一例である。

味噌を、ダシ汁と共にミキサーか、フードプロセッサーにかけて均一にしておく。汁椀に洗ったアサリを入れ、味噌とダシ汁を混ぜたものを加える。ふたをして電子レンジで加熱すれば、すぐにアサリは口を開き、アサリの味噌汁が完成する。

ただしこのとき、漆器[*6]の汁椀は使用できない。電子レンジが漆（うるし）を加熱し、ぼこぼこにしてはがしてしまうからである。

したがって、必ず陶器や、耐熱性のプラスチックの汁椀を使用する必要がある。

この他にも、短い加熱時間で調理でき、しかも味が劣らない料理は多い。野菜を茹でるなどの下ごしらえは、電子レンジを利用すると早くでき、ビタミンなどが失われにくいという有利な点もある。

以上のようなことをふまえた上で、電子レンジを使えば、調理時間の短縮化や調理の合理化に大いに役立つことだろう。

＊6　電子レンジに向かない器
電子レンジに使用できない容器は、漆器のほか、アルミやステンレス、ホーローなどの金属製品（電波を通さない）、金銀の線、模様のある器（変色する）、ひび模様や色絵つけの器、凹凸のあるガラス器など。耐熱温度の低いプラスチック製品も向かない。

〈冷凍食品〉を上手に使う知識と冷凍法のポイント

冷凍食品の品質

冷凍食品は、今日では一般化した食材である。市販の冷凍食品にたよるだけでなく、下処理した食品素材や、調理した食品を自己で冷凍するということも行なわれるケースが増えている。料理に使用する冷凍食品はどのような品質が望ましいか、また、その品質を保つためにどのような工夫を行なうかで最終的な料理の味に差が出るので注意が必要だ。

冷凍食品の品質だが、これは実際にはかなりバラツキがあるが、冷凍された状態を見るだけでは、どういう品質のものか見極めるのは大変に困難である。一見して冷凍状態が良いように見えても、冷凍する前の材料の鮮度が低下していた場合がありうるからだ。また、冷凍してあったものをサイズを揃えるためにいったん解凍して再凍結したような品物もある。こうしたものと、鮮度の良いものを短時間に冷凍したものとを比べると、見た目は変わら

なくても味には大きな差がある。

そこで、まず、冷凍食品の冷凍条件と品質について考えてみたい。

冷凍食品は、材料が新鮮な状態で、急速に冷凍される[*1]ことがまず必要である。もちろん、食品の種類により、生のまま冷凍できるものと塩を添加したり、茹でるなどの処理をしてから冷凍する必要があるものとに分けられるが、いずれにしても鮮度の良いものを用いることが良い冷凍食品の条件であることに違いはない。

冷凍食品の種類と特徴

生のままで冷凍する食品としては、魚、肉などタンパク質を主体とする動物性食品が主力である。

これに対して野菜などの植物性の食品では、ブランチングという加熱処理をした後に冷凍するものが多い。植物性の食品の中でも果物は生のまま冷凍することが多いといえよう。ただし、冷凍により組織が破壊されるので解凍後は生の状態とは味にかなりの差異がある。

加工食品などのうち、調理済み食品の場合は味に大きな変動がないが、うどんのようなデンプン性食品では冷凍条件により味に差異が生じる。

うどんは、茹で上げた直後の熱い状態で急速に冷凍するのが良い。なぜかというと、うどんを茹で上げたときにはうどんの表面は水分を多く含むが内部はまだ表面より水分が少ない状態である。時間がたつと内部にも水分が多

＊1　急速冷凍
食品を冷凍するとき、短時間で凍結した方が、より小さな氷の結晶ができるため細胞への影響は少ない。一方、ゆっくり時間をかけて凍結させた場合、氷の結晶が大きくなってしまい食品中の細胞を破壊し、解凍のとき、組織の水分がドリップとなって出てくるため、食品の口当たりを悪くする。急速冷凍はマイナス40度以下で行なう。また、液体チッ素（マイナス194度）を使うこともある。

くなり、いわゆる伸びた状態となる。うどんを茹でてすぐに冷凍するというのは、うどんが伸びないうちに冷凍するということである。

うどんの場合は、現在では冷凍うどんの方が茹でたものよりも味が良い状態にまで技術が進歩してきている。これだと湯通しさえ上手に行なえば熟練を要しないで常に均一の味のうどんを作ることが可能である。

冷凍食品は保存状態に気を配る

冷凍食品の保存条件は、温度に細心の注意を払う必要がある。というのは、冷凍温度が良くないと冷凍食品の中の氷の結晶が成長して大きな氷が食品内にできてしまうからだ。その結果、例えば生ものの冷凍食品では細胞の中の大きな氷の結晶が細胞膜を破る。そのため、解凍したときに細胞内の液が流出する。この液体がドリップ[*2]である。

ドリップが多く出る状態というのは、組織の破壊が行なわれてうま味をもった細胞内の液汁が流出することになるので味が大幅に低下する。

冷凍食品の中の氷の結晶が成長しないようにするためには、少なくともマイナス20度以下であることが望ましい。さらにこれより低い温度であるほどよく、マイナス40度で保存できればまず申し分ない。

温度だけでなく、冷凍食品の包装が食品にきっちりと密着しているか、空間があるかどうかでも品質に差が出る。冷凍されている食品と包装の間に空間があると、氷は固体からいきなり気体へと変化するが、これを昇華[*3]とい

＊2 ドリップ
緩慢凍結すると食品内にできた氷の結晶の体積が増え細胞膜を破る。それを解凍すると細胞の損傷部分からタンパク質やビタミン、うま味成分などが液体として流失する。この液体のことをドリップと呼ぶ。この液の量で冷凍状態の良否が判断できる。良い冷凍状態であったものはドリップの量も少ない。

＊3 昇華
固体が液体を通らずに直接気体に変化する現象のこと。ドライアイス、樟脳などがその例である。真空凍結乾燥食品は、この現象を利用して作られたものである。

う。昇華した気体は包装の内部に再び氷となって付着する。この現象が起こると、冷凍食品から水分が抜け、食品は乾燥した状態になる。乾燥すると食品中の脂肪が酸化するから食品は酸化した脂肪の渋味のある不快な味を持つことになり品質は低下する。冷凍食品の保存では包装がピッチリと密着しているかどうかも大切な条件なのである。

自己で冷凍する場合の条件

自己で食品や調理品、半調理品を冷凍[＊4]する場合には、食品あるいは調理品の内容の成分について気をつける必要がある。冷凍することでトラブル[＊5]の原因になるのは、デンプン、繊維、脂肪の少ないタンパク質食品などである。いずれも、冷凍することで組織から水分が氷として離脱するから、質的な変化や脱水により口当たりに変化が生じる。

まず、デンプンを主体とする食品であるが、水分の離脱を防ぐには脂肪が多く含まれていることが望ましい。冷凍のパイ生地が良い状態で保存できるのは脂肪の含量が高いからである。生の魚でもマグロのトロや、ひき肉などは冷凍で変化しにくい。これらは脂肪が細かく組織の中に入っているからである。脂肪が細かく組織の中にあると、脂肪が邪魔をするので氷の結晶はできにくい。玉ネギのみじん切りを冷凍する場合も油炒めしてから冷凍すれば品質の変化は少ないが、これも脂肪の混合が冷凍のトラブルを防いでいるためである。

＊4　最大氷結帯
0度からマイナス5度をいう。食品を冷凍の際にはこの最大氷結帯をできるだけ早く（5分以内）通過させることが大切。そのためには、食品を予冷して0度にし、その後に急速冷凍にするとよく、大きな氷の結晶ができにくい。

＊5　冷凍が難しい食品
家庭用の冷凍庫を前提にする場合、脂肪分を含まない生の肉や魚介類はカスカスした状態になりやすい。また、豆腐やこんにゃくなどは、冷凍すると、元の食品とは違って、穴があいてかたくなり、〝凍み豆腐〟〝凍みこんにゃく〟ができあがる。

冷凍保存の場合、脂肪は多い方が良いが、脂肪の少ない食品の品質を保つには食塩と砂糖の働きを利用すると良い。食塩も砂糖も氷の結晶ができにくい状態にする働きがあり、冷凍による品質の変化が防止できる。

例えば、卵黄[*6]や卵黄を含む卵液の冷凍品の場合、必ず多量の砂糖が加えてあるが、これは卵黄がそのままだと冷凍により性質に変化が生じるからである。砂糖を加えることで卵の変化が防止できるのである。冷凍のすり身も同様である。そのまま冷凍すれば弾力が消失するが、砂糖を加えると弾力を保つことができる。ただし、液卵や冷凍すり身の冷凍品の場合、この糖分は後で抜くことができないので甘さ覚悟の上で使用する必要がある。

タンパク質に砂糖を加えると品質変化が少ないという原理があるから、糖分の多いゼリー[*7]、卵焼きなども自分で冷凍できる。この他、つぶしたフルーツなども砂糖を加えておけば冷凍しても味の変化は少ない。

食塩も冷凍によるトラブルを防止するのに役立つ。そこで、魚などを自分で冷凍する場合、塩をしてから冷凍保存すれば品質を保つことができる。ひと塩干しの魚などはそのまま冷凍すれば品質が保持できる。

ブランチングの意味

野菜の冷凍食品には普通、ブランチングという下処理が行なわれている。ブランチングというのは、生の野菜に蒸気を当てる、あるいは短時間のボイルで熱を通すことをいう。この処理を行なうことで野菜の繊維がかたくなる

＊6 卵の冷凍
卵白は凍らせても変化はないが、卵黄をそのまま冷凍するとゴムのようにかたくなってしまう。卵黄を冷凍するときは、溶きほぐしたものに20％以上の砂糖を加えておくと良く、解凍するともとの状態に戻る。

＊7 ゼリーの冷凍
ここでいうゼリーは、ゼラチンを用いたものを指す。ゼラチンのゼリーはタンパク質なので、凍っても均一の状態で冷凍が可能である。一方、寒天のゼリーは主成分が多糖類なので、水分が寒天と分かれて氷となり、糖分が多くあっても分離する。

ことと、組織の崩壊により解凍後べたついた状態になることが防止できるのだ。ブランチングの目的は生の野菜に含まれる酵素が働いて組織、とくに繊維をかたく変化させるのを防止することである。酵素は熱を加えると破壊されて働かなくなる。また、組織も熱を加えることであらかじめ条件よく破壊されるから冷凍による不自然な組織の破壊とは違って状態が良く保てる。だから、自己で野菜を冷凍する場合も、あらかじめさっと茹でるか、電子レンジなどで短時間加熱するなどブランチングの処理を行なってから冷凍すると良い状態で保存ができる。

グリンピースやソラマメなどのように生のままだと短時間で味に変化がおこりやすい野菜は、さっと茹でて冷凍しておけば味の良い状態で保存できるので便利である。また、ほうれん草なども裏漉しして使用する場合は、新鮮で味の良い状態のものを茹でて冷凍すると良い味を保つことができる。ほうれん草は、時間の経過とともに渋味が出るから、このような冷凍処理がとくに有効である。

野菜類の冷凍前のブランチング処理は十分な加熱はしない方が良い。というのは、解凍のときには、凍ったまま加熱すればよい状態で解凍できるからである。つまり、2回の加熱が行なわれることになるので、解凍時の加熱の分も見越して控えめに加熱しておく方が良いのである。

市販の冷凍野菜についても、その点は配慮されているから、解凍時の加熱[*8]は、短時間ながらも半生の状態にならないよう、適当な加熱が必要である。

＊8　冷凍食品の解凍
ブランチング処理をしてある冷凍野菜は解凍せずに一気に加熱調理した方が良い。解凍時に組織がくずれたり、空気中の水分を吸収してべたついた仕上がりになるからだ。生の肉や魚は冷蔵庫に入れて低温で自然解凍すると解凍時の汁（ドリップ）がほとんど出ない。

ハーブティー	131	マンニット	135
パームオレイン	66,198	味覚官能テスト	20
パームオレインの融点	201	味覚の対比作用	12
パーム油	66	味噌	24
パイナップルビネガー	39	味噌の種類	27
破断機	182	味噌の働き	29
発酵バター	162	味噌の粒子	26
八丁味噌	28	みりん	174
馬乳	166	蒸し器	187
バニリン	60	蒸す調理	184
パプリカ	49	メークイン	81
バルサミコ酢	42	メラノイジン	60,190
パルメザンチーズ	157	綿実油	197
半硬質チーズ	157	●や行	
ビート	32	山羊乳	166
ビタミンC	41	焼く調理	190
ピノノアール	172	野菜の破断性	87
ヒヨコ豆	107	ヤナギマツタケ	105
ピラジン	118	雪白	82
備長炭	191	柚子	124,128,204
ブーケガルニ	130	柚子コショウ	51,124,129
フィーヌゼルブ	131	茹でる調理	184
風味調味料	143	ヨーグルト	155,162
ブドウ酢	39	●ら行	
ブドウ糖	89	ラード	200
不飽和脂肪酸	65,119	ラー油	47,51
ブラウンフレーバー	60	リノール酸	65,119,200
ブランチング	215	リポタンパク質	67
フリーズドライ	185	リモネン	59,129,204
プロセスチーズ	156	緑茶	144,157
pH（ペーハー）	41,113,203	リンゴ	112,115
ペクチン	115	リンゴ酸	36,113
紅花油	200	リン酸塩類	39
ペリラアルデヒド	126	冷凍食品	214
飽和脂肪酸	65,119,163	冷凍食品の解凍	219
干し椎茸	134	レッドオニオン	93
ポリフェノール	117	レッドキドニービーンズ	107
ホルスタイン	150	レモン	58,61,204
本醸造	18	レンズ豆	107
●ま行		レンチオニン	101,134
舞茸	100	レンチナン	102
マスカットベリーA	172	ロングライフ牛乳	152
マスタード	44	●わ行	
マッシュルーム	100,103	ワイン	168
松茸	100,105	ワインビネガー	39
マヨネーズ	70	ワサビ	44,50

カレー粉	52	コショウ	50,58,62
カレーの伝播経路	53	コチュジャン	51
甘蔗	32	コハク酸	139
乾燥物	132	ゴマ	118
乾燥物のにおいを消す方法	135	ゴマ油	119,197
含硫化合物	89,90,94,135	昆布ダシ	205
気化熱	184	●さ行	
キノコの香り成分	101	再仕込み醤油	17
キノコの栽培	104	最大氷結帯	217
キャノーラ油	197	サク酸	36
キャベツ	86	砂糖	30
急速冷凍	215	サトウキビ	32
牛乳	150	砂糖大根	32
牛乳の公正規約	153	砂糖の種類	33
牛乳の種類	153	砂糖の精製法	31
牛乳の表示	153	砂糖の働き	31
京風白味噌	28	サフラワー油	200
玉露	145,149	サワークリーム	162
金ゴマ	122	山椒	50
グアニル酸	75,101,134,139	酸乳製品	162
グアニル酸ナトリウム	143	CA貯蔵	89
クエン酸	36,113,169	シークワーサー	204
クミス	166	椎茸	100
クミン	56	塩味	8
グラニュー糖	34	塩味の尖り	11
グルタミン酸	26,74,101,109,139,149,157,205	塩の組成	9
グルタミン酸含有量	75	塩の働き	10
グルタミン酸ナトリウム	143	直火焼き	191
黒ゴマ	122	死後硬直	180
黒砂糖	34	シソ	124,128
黒酢	43	シソニン	128
黒目豆	107	七味唐辛子	51
K値	181	シニグリン	45
ケイ皮酸メチル	101	脂肪酸	65,119,197
ケフィア	166	シメジ	100
濃口醤油	16	ジャージー	150
高オレイン酸紅花油	200	じゃが芋	80
紅玉	116	じゃが芋の油の吸収率	81
硬質チーズ	157	酒石酸	37,114,169
香辛料で食欲が増す理由	205	純米酢	37
合成酢	36	昇華	185,216
紅茶	144	生姜の辛味成分	205
高比重リポタンパク質	67	醸造酢	37
氷砂糖	33	醤油	16
穀物酢	37	醤油のJAS規格	16
ココナッツビネガー	39	醤油の種類	16

索　引

＊50音順

河野友美（こうのともみ）
1929年、兵庫県宝塚市生まれ。関西学院大学理工専門部食品化学科卒業。大阪薫英女子短期大学教授、河野食品研究所所長として、食品学、栄養学、調理科学、食文化論などの分野で長きにわたって活躍。1999年没。
著書は『おいしい和食をつくるコツ』（共著）、『人気料理をおいしくするコツ』（以上小社刊）、『味のしくみ』（日本放送出版協会）、『新・食品事典』（真珠書院）、『たべものと日本人』（講談社現代新書）、『料理コツのコツ』早わかり事典』（三笠書房）他多数。

新版 おいしさの科学 味を良くする科学

発行日——平成20年4月8日 初版 発行
令和4年1月22日 第4版 発行
著　者——河野 友美
制作者——永瀬 正人
発行者——早嶋 茂
発行所——株式会社旭屋出版
東京都新宿区愛住町23-2
ベルックス新宿ビルⅡ6F
電話 03(5369)6423
振替東京00150-1-19572
http://www.asahiya-jp.com
印刷・製本——凸版印刷株式会社
※落丁本・乱丁本はお取り替えいたします。
ISBN978-4-7511-0744-7 C2077